Large Print Math Drills For 1st Grade

Addition and Subtraction Problem Worksheets

Large Print Grade 1 Math Workbooks Addition and Subtraction

Volume 1

OLIVIA DAVIS

3 + 6	4 + 4	6 + 2	3 + 5	4 - 2	1 + 5	13 - 5	6 + 6	16 - 9
10 - 5	15 - 8	10 - 9	18 - 9	8 + 2	4 + 2	6 + 8	8 + 3	13 - 8
8 + 8	5 + 6	5 + 7	9 - 3	12 - 7	2 + 2	17 - 8	7 + 9	10 - 3
6 - 2	6 + 1	12 - 5	11 - 8	14 - 5	11 - 4	7 + 8	15 - 7	13 - 7
7 - 3	4 + 9	11 - 6	7 - 5	10 - 4	4 + 3	5 + 8	6 - 5	15 - 9
17 - 9	5 - 4	13 - 4	3 + 8	8 - 6	4 + 5	13 - 9	9 + 4	11 - 3
9 + 6	1 + 9	1 + 3	9 + 7	3 + 3	5 + 9	2 + 1	7 + 5	9 + 1
7 - 4	8 + 5	16 - 8	11 - 5	5 + 5	3 + 9	9 - 0	4 - 3	4 + 7

12	3	15	7	2	14	5	7	2
− 5	+ 3	− 7	+ 4	+ 9	− 6	+ 8	+ 6	+ 1

18	10	5	8	15	14	6	3	9
− 9	− 9	+ 3	− 2	− 9	− 8	− 5	− 2	− 3

15	10	4	8	7	8	1	8	14
− 6	− 6	+ 7	+ 6	− 5	+ 5	+ 4	− 6	− 7

13	8	9	6	4	16	2	8	15
− 8	+ 7	+ 8	− 4	+ 2	− 8	+ 7	+ 2	− 8

3	6	6	17	7	4	9	4	2
+ 9	− 3	+ 3	− 9	+ 1	+ 1	− 0	+ 8	+ 6

4	1	14	2	17	5	10	4	1
− 3	+ 7	− 9	+ 5	− 8	+ 4	− 8	− 2	+ 5

5	6	9	11	7	7	12	10	6
+ 6	+ 8	+ 1	− 8	− 2	+ 5	− 4	− 4	+ 2

16	11	2	3	5	5	6	3	10
− 9	− 7	+ 8	+ 7	+ 2	− 3	+ 5	+ 8	− 5

8 + 3	4 - 2	7 - 3	6 + 6	3 - 2	17 - 8	14 - 8	13 - 5	7 + 2
12 - 8	9 + 3	7 + 9	4 + 8	15 - 6	7 + 6	13 - 8	18 - 9	7 - 5
2 + 3	3 + 2	10 - 7	4 + 3	6 - 4	9 + 1	2 + 7	8 + 5	12 - 5
3 + 5	7 + 8	5 - 4	6 + 3	15 - 8	8 - 7	2 + 2	10 - 5	4 + 9
9 + 4	5 + 8	6 - 2	17 - 9	6 + 8	14 - 6	11 - 4	3 + 8	6 + 9
13 - 4	3 + 7	5 - 3	2 + 8	4 - 3	16 - 9	8 - 5	15 - 7	7 + 3
8 + 4	4 + 2	13 - 7	6 + 4	6 + 5	15 - 9	16 - 8	12 - 7	8 + 6
1 + 4	8 - 2	7 - 2	9 + 8	9 - 6	6 + 7	11 - 5	5 + 3	2 + 6

5 − 4	12 − 8	10 − 2	7 + 7	16 − 8	7 + 6	8 + 5	5 − 3	6 + 1
7 + 4	3 − 2	17 − 8	4 + 4	3 + 4	6 + 7	8 + 7	2 + 7	7 + 9
13 − 5	6 + 9	3 + 5	5 + 7	10 − 1	7 − 4	11 − 2	3 + 1	7 + 5
8 + 6	7 − 5	9 − 2	2 + 5	10 − 5	7 + 2	5 + 5	4 + 6	18 − 9
11 − 5	9 − 5	9 − 6	4 + 3	9 + 7	2 + 8	7 + 3	14 − 6	8 − 6
3 + 2	13 − 6	5 + 9	2 + 4	6 + 4	11 − 9	4 + 7	6 − 4	15 − 7
1 + 6	5 + 4	13 − 8	17 − 9	5 − 2	10 − 8	6 − 3	16 − 7	12 − 9
6 − 2	3 + 6	12 − 4	4 + 1	1 + 1	6 + 2	15 − 8	14 − 9	9 − 3

7 + 8	12 - 8	17 - 9	5 + 1	3 + 5	11 - 2	5 + 3	9 - 7	5 - 3
8 - 3	9 - 5	3 + 8	1 + 3	7 - 6	1 + 9	18 - 9	12 - 5	17 - 8
15 - 7	16 - 8	4 + 7	8 + 2	10 - 6	8 + 6	8 + 5	4 + 2	7 - 2
3 + 7	9 - 2	2 + 7	8 - 7	6 + 5	3 + 1	13 - 4	5 + 8	7 + 2
6 + 6	4 + 6	5 + 7	12 - 7	15 - 8	9 - 8	6 + 2	4 + 3	9 + 2
2 + 5	7 + 4	11 - 8	5 - 4	3 - 2	6 - 3	3 + 6	3 + 3	5 + 2
16 - 9	8 - 2	7 - 3	4 + 4	9 - 1	3 + 9	2 + 8	9 + 5	13 - 8
7 - 4	9 - 3	8 + 8	12 - 4	6 - 5	4 + 1	14 - 7	10 - 4	5 + 5

4 - 2	6 + 5	3 + 3	4 - 3	7 + 7	7 + 6	14 - 7	14 - 6	9 - 0
5 + 2	6 + 8	6 + 4	6 + 3	2 + 6	7 - 4	11 - 6	6 - 2	11 - 8
11 - 7	12 - 3	3 + 1	5 - 2	4 + 8	3 + 9	12 - 4	7 + 8	6 - 3
9 + 9	6 + 1	5 + 6	12 - 7	17 - 8	4 + 6	7 - 5	17 - 9	12 - 6
10 - 7	8 - 3	9 + 7	10 - 2	5 + 1	4 + 7	10 - 5	9 + 4	3 + 5
5 + 4	5 + 7	8 + 5	9 - 1	4 + 5	7 + 1	2 + 4	3 + 6	1 + 4
10 - 6	8 - 7	8 + 8	13 - 5	15 - 8	7 + 5	14 - 8	5 + 3	9 - 4
6 - 5	1 + 2	3 + 2	4 + 1	12 - 8	14 - 5	5 - 3	3 - 2	16 - 7

12	10	14	3	6	6	7	4	10
− 5	− 6	− 5	+ 7	+ 2	− 2	+ 9	− 2	− 8

9	8	18	12	3	11	6	4	8
+ 7	+ 8	− 9	− 6	+ 2	− 5	+ 8	+ 7	− 7

3	13	7	10	8	9	6	5	4
− 2	− 6	− 5	− 7	+ 6	− 8	− 5	+ 8	− 3

8	14	5	4	11	6	6	11	4
− 3	− 6	− 4	+ 5	− 6	+ 7	− 3	− 8	+ 8

7	2	16	3	7	12	5	5	13
− 4	+ 7	− 8	+ 4	+ 1	− 4	+ 3	+ 5	− 5

7	8	5	5	2	7	8	10	9
+ 6	+ 5	+ 1	+ 2	+ 8	+ 8	+ 3	− 2	− 1

4	6	3	7	8	9	1	6	2
+ 1	+ 9	+ 6	− 6	− 2	− 5	+ 8	− 4	+ 9

9	7	11	4	2	6	3	3	17
− 7	+ 7	− 9	+ 2	+ 6	+ 5	+ 8	+ 9	− 9

8 + 8	15 - 8	3 - 2	6 - 5	5 + 2	8 + 4	8 - 6	17 - 9	12 - 4
3 + 2	4 - 3	18 - 9	16 - 7	4 + 6	5 + 5	7 - 5	14 - 5	6 + 4
3 + 4	6 + 3	8 - 7	8 - 2	3 + 3	9 + 6	11 - 6	3 + 9	11 - 5
3 + 7	7 + 6	17 - 8	16 - 8	5 + 3	9 + 1	4 + 5	11 - 9	2 + 1
15 - 7	1 + 5	5 + 1	4 + 4	8 + 5	6 + 2	10 - 3	4 + 8	10 - 9
8 + 1	7 + 3	6 + 5	9 + 2	6 - 3	4 - 2	7 + 5	14 - 9	11 - 4
2 + 2	9 - 4	5 - 2	3 + 6	6 + 8	8 + 2	10 - 4	14 - 7	5 - 3
11 - 3	7 - 3	2 + 4	13 - 5	10 - 5	7 + 2	5 + 6	7 - 6	10 - 2

7	16	11	2	7	14	7	9	1
+ 4	- 8	- 2	+ 6	+ 7	- 7	- 5	+ 8	+ 1

15	3	5	8	2	5	7	7	4
- 8	+ 7	+ 2	- 7	+ 3	+ 5	+ 3	- 3	- 3

9	2	4	4	13	6	8	7	10
- 5	+ 9	+ 6	+ 7	- 9	+ 3	+ 6	+ 8	- 5

13	14	9	2	5	16	17	4	6
- 6	- 6	- 8	+ 5	- 4	- 7	- 9	+ 8	- 5

3	18	8	9	7	1	13	6	9
- 2	- 9	- 5	+ 6	+ 6	+ 4	- 7	+ 8	+ 4

16	9	3	11	8	11	3	11	8
- 9	+ 3	+ 2	- 5	- 6	- 7	+ 8	- 3	- 2

1	13	6	5	6	4	3	12	5
+ 6	- 5	- 2	+ 6	+ 7	+ 5	+ 6	- 7	+ 1

6	13	6	4	6	10	7	5	8
- 3	- 8	- 4	- 2	+ 5	- 3	+ 2	+ 3	+ 8

9 - 6	10 - 5	2 + 5	8 + 3	7 - 4	9 + 1	9 - 5	4 - 3	9 + 2
6 + 5	17 - 9	13 - 7	12 - 6	14 - 6	3 - 2	6 + 4	6 - 2	6 - 5
17 - 8	3 + 1	7 - 5	8 + 8	4 + 4	15 - 7	8 - 6	7 + 2	8 + 5
1 + 2	2 + 2	15 - 6	4 + 7	5 - 3	7 + 6	14 - 5	5 + 9	5 + 4
18 - 9	3 + 7	4 + 3	7 + 5	11 - 8	5 + 7	10 - 7	6 + 6	2 + 7
4 - 2	5 + 8	7 - 2	8 - 3	16 - 9	3 + 4	3 + 8	6 - 4	14 - 8
6 - 3	9 + 4	2 + 8	13 - 5	6 + 8	7 - 3	7 - 6	5 - 4	4 + 1
1 + 6	9 + 5	16 - 8	6 + 2	4 + 5	11 - 6	6 + 1	8 - 4	8 + 4

5 + 3	8 + 5	4 + 7	3 + 3	9 + 4	17 - 8	3 + 2	10 - 9	13 - 4
8 - 2	3 + 7	8 - 4	12 - 7	5 - 2	7 - 3	7 - 2	5 + 6	2 + 5
4 + 4	8 + 2	14 - 7	2 + 4	6 + 4	15 - 6	10 - 2	11 - 2	5 + 9
4 - 2	9 - 5	9 + 5	17 - 9	2 + 8	7 + 7	7 - 4	7 + 5	14 - 8
3 + 4	10 - 5	12 - 8	10 - 8	5 + 8	13 - 8	10 - 7	7 + 8	6 + 6
7 + 3	15 - 8	7 + 2	8 - 6	18 - 9	1 + 5	11 - 8	5 + 7	3 + 5
9 - 7	1 + 3	4 + 3	16 - 8	10 - 6	2 + 2	8 + 7	4 - 3	2 + 7
14 - 9	1 + 8	2 + 1	8 + 3	12 - 4	11 - 5	8 - 3	3 + 6	6 - 4

7	4	9	13	10	6	7	17	4
- 2	+ 8	- 1	- 9	- 8	+ 4	+ 4	- 9	+ 5

18	2	10	5	9	9	11	8	9
- 9	+ 4	- 3	+ 1	+ 3	+ 5	- 4	+ 2	+ 9

8	16	3	7	8	6	7	17	9
+ 8	- 8	- 2	+ 7	- 5	+ 5	+ 6	- 8	+ 6

2	8	6	15	4	12	15	8	7
+ 2	- 7	+ 2	- 9	- 3	- 9	- 6	- 3	+ 3

4	6	13	10	6	16	9	1	1
+ 4	+ 8	- 6	- 1	- 2	- 7	- 5	+ 5	+ 2

8	6	7	7	7	4	14	4	10
+ 5	+ 1	+ 8	+ 5	- 4	+ 9	- 5	+ 7	- 2

9	14	3	5	9	14	15	12	12
+ 7	- 7	+ 6	+ 5	- 4	- 8	- 7	- 3	- 7

5	9	5	10	5	6	2	11	6
+ 7	+ 8	+ 3	- 7	- 2	+ 9	+ 5	- 2	- 3

14	8	4	5	3	5	3	9	8
- 8	+ 3	+ 2	+ 7	+ 1	+ 5	+ 7	+ 1	+ 5

4	13	9	8	1	11	6	5	13
- 3	- 6	- 7	+ 7	+ 4	- 4	+ 6	+ 9	- 5

5	2	6	10	7	8	4	17	8
+ 8	+ 3	- 4	- 8	+ 5	+ 8	+ 7	- 9	- 3

10	15	9	2	17	16	16	15	14
- 7	- 8	- 1	+ 4	- 8	- 8	- 9	- 7	- 9

9	9	18	12	13	15	8	6	9
- 0	- 3	- 9	- 9	- 9	- 9	- 6	- 5	+ 6

3	2	5	3	11	6	5	7	7
- 2	+ 5	+ 6	+ 8	- 8	+ 8	+ 2	+ 9	+ 4

7	8	6	4	5	16	5	3	10
+ 7	+ 2	+ 2	+ 6	- 4	- 7	- 2	+ 3	- 5

9	6	9	2	7	8	7	5	8
- 8	+ 5	+ 8	+ 8	+ 6	+ 6	- 6	- 3	- 2

3	3	9	6	12	8	7	6	9
+ 7	+ 1	+ 5	+ 2	- 4	- 5	+ 8	- 3	- 1

9	1	9	8	9	7	8	14	7
+ 4	+ 8	- 2	- 6	+ 2	+ 9	+ 6	- 7	+ 7

7	3	12	7	4	11	17	7	2
+ 6	+ 2	- 5	- 2	+ 6	- 9	- 9	+ 2	+ 2

8	8	13	9	4	5	3	11	7
- 7	+ 7	- 6	+ 8	- 3	- 4	+ 6	- 3	- 3

5	18	8	16	5	3	4	3	17
+ 7	- 9	+ 3	- 8	+ 4	+ 4	+ 8	+ 5	- 8

7	7	12	9	11	9	2	5	5
- 6	- 5	- 7	+ 6	- 2	- 8	+ 1	+ 3	- 3

8	5	4	16	8	4	15	11	4
+ 2	+ 2	+ 7	- 7	- 4	+ 5	- 8	- 6	+ 4

10	11	7	13	6	6	6	11	9
- 1	- 5	+ 3	- 7	- 5	+ 5	+ 3	- 8	- 0

4 + 9	8 - 5	12 - 6	10 - 7	5 - 2	14 - 8	7 - 5	15 - 8	12 - 7
15 - 9	7 + 7	13 - 8	8 + 5	13 - 4	17 - 9	12 - 8	7 + 3	5 + 4
2 + 6	16 - 7	3 + 5	3 + 8	13 - 5	2 + 5	5 - 4	9 + 2	5 - 3
8 + 3	3 + 1	1 + 3	3 + 4	7 + 4	3 + 6	1 + 4	8 + 8	6 + 1
8 + 7	10 - 6	15 - 6	5 + 1	8 - 6	7 - 4	1 + 2	6 - 4	10 - 4
5 + 8	4 - 3	16 - 8	15 - 7	17 - 8	16 - 9	14 - 6	9 - 4	5 + 7
4 + 5	10 - 9	6 + 9	9 + 6	9 + 9	1 + 5	4 + 6	1 + 8	14 - 7
4 + 7	12 - 4	6 - 5	6 + 5	4 + 2	4 - 2	2 + 8	11 - 8	8 + 2

8	14	15	7	6	11	5	14	3
+ 7	- 8	- 8	+ 8	+ 1	- 8	- 4	- 6	- 2

2	2	5	8	9	9	5	3	9
+ 9	+ 5	+ 3	+ 4	- 1	- 5	- 3	+ 7	- 8

18	7	6	13	3	11	7	9	8
- 9	+ 5	+ 7	- 5	+ 2	- 2	+ 3	+ 4	- 6

5	7	17	14	3	9	6	1	4
- 2	- 5	- 9	- 9	+ 5	+ 2	+ 8	+ 3	+ 6

13	16	1	8	3	4	13	4	3
- 9	- 8	+ 6	+ 3	+ 4	+ 8	- 7	- 3	+ 6

5	16	1	10	8	14	12	9	6
+ 7	- 7	+ 5	- 7	+ 6	- 7	- 6	+ 9	+ 9

14	4	5	6	6	5	6	7	17
- 5	+ 1	+ 2	- 4	- 3	+ 9	+ 6	- 2	- 8

2	9	5	2	10	10	6	15	8
+ 7	+ 8	+ 4	+ 8	- 2	- 5	- 5	- 9	- 2

4 − 2	3 − 2	9 − 4	14 − 9	5 + 7	6 − 3	8 + 6	15 − 8	4 + 4
13 − 5	5 + 2	2 + 6	9 + 5	15 − 6	8 + 1	6 + 9	14 − 6	14 − 8
4 + 5	9 + 6	8 + 3	10 − 7	6 + 4	5 + 4	13 − 7	9 − 5	11 − 3
17 − 8	9 − 3	11 − 7	2 + 3	2 + 8	4 + 8	18 − 9	6 − 4	6 − 5
13 − 6	5 + 1	13 − 9	12 − 6	8 − 3	1 + 4	5 − 4	7 + 3	4 + 7
3 + 8	11 − 8	6 + 2	6 + 1	11 − 5	7 + 4	16 − 8	13 − 8	1 + 6
9 + 3	9 − 0	5 + 5	6 + 6	17 − 9	7 − 4	3 + 2	10 − 3	12 − 5
16 − 9	2 + 5	1 + 5	1 + 2	6 + 3	7 + 1	10 − 8	5 + 8	3 + 3

14 - 8	10 - 8	4 + 7	8 + 6	3 + 3	16 - 9	2 + 2	7 + 6	12 - 3
4 + 2	3 + 5	1 + 4	14 - 6	5 - 4	7 + 8	15 - 9	6 + 5	11 - 7
14 - 9	13 - 6	6 + 2	9 - 6	4 + 9	3 + 2	7 - 4	8 + 5	3 + 7
7 + 3	9 - 8	10 - 7	3 - 2	7 - 3	7 + 2	5 - 2	12 - 6	2 + 8
6 + 8	13 - 4	6 - 4	4 + 8	8 + 4	8 + 3	15 - 8	6 + 6	7 - 5
15 - 7	3 + 4	9 + 6	9 - 2	12 - 8	7 + 7	8 + 7	7 + 9	3 + 9
6 + 1	1 + 8	11 - 2	4 + 5	4 - 2	3 + 1	4 + 4	5 + 2	12 - 5
11 - 6	16 - 8	9 - 4	8 - 2	18 - 9	17 - 9	13 - 7	12 - 4	5 + 5

4 + 8	5 - 3	12 - 3	3 + 9	9 - 1	3 - 2	8 + 2	1 + 3	18 - 9
4 + 7	4 + 9	2 + 4	6 - 4	5 + 4	16 - 7	2 + 2	3 + 5	16 - 8
6 + 7	17 - 9	11 - 5	9 + 2	3 + 2	12 - 8	7 - 6	6 - 5	12 - 4
15 - 6	8 + 3	16 - 9	10 - 6	9 - 3	14 - 7	5 - 4	5 + 5	5 - 2
11 - 4	7 + 7	12 - 7	4 + 5	8 + 7	10 - 2	6 + 4	14 - 9	15 - 8
9 + 7	8 + 1	5 + 7	9 - 5	17 - 8	4 + 4	9 - 2	10 - 8	3 + 6
6 + 8	8 - 6	3 + 8	13 - 6	7 + 8	3 + 7	3 + 4	1 + 9	10 - 9
12 - 5	4 - 2	5 + 3	13 - 4	7 + 3	2 + 9	8 + 9	1 + 7	2 + 7

8 − 4	3 − 2	8 − 7	14 − 5	6 + 5	15 − 8	9 + 8	1 + 2	7 − 3
8 + 2	8 + 6	8 + 4	5 + 6	2 + 3	17 − 8	6 + 4	7 + 5	7 − 4
16 − 9	8 − 3	12 − 4	4 + 5	5 − 3	4 + 3	6 − 5	13 − 4	11 − 5
1 + 5	5 + 8	9 − 5	7 + 6	8 + 5	10 − 2	4 + 8	16 − 8	2 + 8
1 + 1	7 + 8	5 + 7	11 − 6	3 + 6	8 + 7	15 − 7	4 + 2	13 − 6
7 − 6	5 + 9	9 + 7	7 + 3	5 − 4	8 − 5	15 − 6	13 − 8	14 − 6
2 + 5	2 + 4	13 − 7	6 + 1	8 + 3	7 − 5	12 − 9	15 − 9	6 + 8
2 + 7	10 − 4	8 − 2	17 − 9	4 + 7	1 + 6	14 − 8	3 + 7	11 − 7

15 − 7	4 + 7	7 − 3	6 + 6	8 + 5	10 − 2	6 − 3	5 + 5	7 + 5
9 + 8	15 − 8	3 + 4	6 + 2	16 − 8	13 − 9	4 + 2	2 + 2	4 + 3
14 − 6	10 − 1	18 − 9	12 − 5	17 − 8	3 + 2	7 + 7	11 − 3	8 + 8
12 − 6	8 + 2	6 + 3	16 − 7	4 + 9	5 + 7	9 − 3	13 − 8	7 − 5
4 − 3	5 + 3	7 + 1	13 − 5	14 − 5	4 + 4	11 − 9	6 + 8	6 + 7
9 − 7	7 − 6	8 − 5	9 − 5	3 + 8	4 − 2	2 + 8	7 − 2	8 − 7
14 − 8	17 − 9	3 + 6	12 − 8	5 − 3	9 + 3	8 + 3	2 + 9	7 + 6
2 + 4	9 + 2	2 + 7	10 − 4	6 + 4	9 − 1	4 + 6	14 − 7	1 + 6

7	8	5	8	7	7	7	6	9
+ 9	- 6	+ 7	+ 9	+ 6	+ 8	+ 1	- 5	+ 6

16	8	3	11	17	11	12	6	2
- 7	+ 5	+ 1	- 5	- 8	- 7	- 7	- 3	+ 9

3	2	5	9	8	2	4	12	7
+ 3	+ 4	- 4	- 1	+ 6	+ 7	- 3	- 4	+ 2

4	6	14	8	10	3	10	14	8
+ 2	+ 6	- 6	+ 8	- 1	+ 5	- 8	- 8	- 2

8	4	7	14	6	7	2	15	10
- 4	+ 1	+ 7	- 7	- 4	+ 3	+ 2	- 9	- 4

5	4	3	16	5	2	18	11	15
+ 8	+ 8	+ 7	- 9	- 2	+ 6	- 9	- 4	- 7

15	17	1	3	3	9	4	14	4
- 8	- 9	+ 4	+ 9	- 2	- 5	+ 6	- 5	+ 5

14	5	5	2	3	16	6	3	11
- 9	- 3	+ 6	+ 1	+ 8	- 8	+ 4	+ 6	- 8

10 - 6	14 - 8	2 + 5	10 - 7	3 + 6	13 - 4	16 - 7	6 + 3	6 + 6
3 + 5	3 + 7	6 - 3	5 + 2	5 + 7	11 - 5	9 - 4	7 + 3	3 + 3
15 - 7	17 - 8	9 + 3	2 + 9	4 + 9	13 - 7	6 + 8	7 - 4	4 + 3
9 - 7	1 + 8	8 + 2	4 - 2	10 - 8	4 + 7	8 + 5	2 + 8	8 + 3
6 + 1	18 - 9	7 + 5	8 + 9	9 - 0	5 - 4	15 - 8	8 - 5	14 - 7
16 - 9	4 + 6	8 - 4	6 + 4	1 + 4	4 - 3	3 + 8	15 - 6	2 + 6
7 + 6	12 - 9	4 + 5	2 + 2	7 + 2	6 - 4	15 - 9	17 - 9	3 - 2
6 + 5	8 - 3	12 - 6	11 - 9	2 + 7	10 - 2	4 + 2	14 - 9	5 - 3

8	1	3	8	5	4	12	6	8
+ 4	+ 6	+ 6	- 4	+ 6	+ 5	- 8	- 2	- 7

17	2	12	5	11	14	14	2	15
- 8	+ 2	- 3	- 4	- 2	- 8	- 6	+ 5	- 8

17	1	5	1	7	7	10	2	6
- 9	+ 1	+ 5	+ 4	- 3	+ 3	- 7	+ 7	+ 8

9	3	8	9	9	1	14	10	11
- 5	- 2	+ 6	+ 1	+ 8	+ 8	- 7	- 6	- 4

2	14	10	5	13	5	8	3	5
+ 6	- 5	- 3	+ 9	- 5	+ 7	- 6	+ 7	+ 4

8	10	13	8	5	4	5	6	5
+ 9	- 8	- 8	+ 3	+ 8	+ 4	+ 3	+ 4	+ 2

4	15	13	13	8	8	18	5	12
+ 6	- 9	- 7	- 4	- 3	+ 7	- 9	- 2	- 6

7	3	2	10	4	3	11	9	9
+ 2	+ 4	+ 9	- 4	+ 3	+ 2	- 8	- 8	- 1

3 + 4	5 - 4	11 - 6	8 + 2	5 + 3	7 + 2	4 + 4	5 - 3	14 - 7
2 + 3	16 - 7	3 + 2	7 + 3	8 - 3	9 - 2	10 - 1	3 + 7	4 + 8
17 - 8	7 + 6	3 + 8	2 + 6	4 + 9	14 - 5	5 + 5	13 - 7	6 - 3
6 + 8	15 - 7	6 + 3	5 + 9	7 - 3	13 - 9	2 + 5	14 - 8	2 + 2
3 + 6	16 - 8	12 - 5	11 - 4	8 - 4	1 + 8	5 + 6	9 + 8	3 - 2
6 - 5	17 - 9	9 + 9	5 - 2	12 - 4	10 - 5	10 - 6	8 + 4	8 + 6
12 - 8	7 - 4	10 - 7	12 - 7	5 + 7	15 - 9	6 + 1	9 + 2	7 + 1
12 - 6	5 + 1	6 + 7	2 + 8	4 - 3	11 - 9	10 - 8	8 + 1	7 + 7

14	4	3	1	7	7	3	5	16
- 7	+ 3	+ 2	+ 8	- 2	+ 2	+ 8	+ 6	- 8

17	5	8	1	5	17	11	16	7
- 8	- 3	+ 3	+ 6	+ 8	- 9	- 6	- 7	+ 8

4	2	13	3	9	6	7	5	4
- 3	+ 5	- 8	+ 4	+ 7	+ 3	+ 9	+ 3	+ 8

2	8	1	6	13	4	4	2	4
+ 2	- 2	+ 3	- 5	- 5	+ 6	+ 5	+ 7	- 2

8	7	8	8	3	5	8	14	9
+ 6	- 5	+ 1	+ 2	+ 3	- 2	- 5	- 6	+ 8

7	18	6	9	15	14	7	11	6
+ 7	- 9	+ 6	- 3	- 9	- 9	+ 1	- 3	+ 4

9	9	16	9	7	3	11	7	6
- 8	- 2	- 9	+ 2	+ 4	- 2	- 7	- 4	+ 1

2	9	15	10	6	14	8	7	5
+ 6	- 1	- 6	- 9	- 4	- 5	+ 5	- 6	- 4

8 + 8	9 + 3	6 - 5	3 + 7	5 + 7	7 - 3	14 - 9	12 - 4	1 + 2
17 - 9	13 - 4	8 - 6	9 - 3	12 - 6	8 + 4	6 + 5	5 + 8	3 + 2
3 + 8	4 + 6	4 + 2	17 - 8	6 - 3	18 - 9	14 - 8	1 + 7	12 - 8
7 + 7	9 + 7	5 + 5	13 - 8	3 - 2	2 + 5	8 + 2	6 + 1	14 - 7
8 - 4	4 + 3	15 - 7	3 + 5	11 - 4	6 + 9	7 - 6	5 - 4	16 - 9
4 + 8	12 - 3	3 + 6	7 - 5	2 + 9	5 + 4	12 - 7	7 + 2	16 - 8
7 + 6	9 + 4	13 - 6	3 + 4	15 - 8	6 + 4	11 - 5	8 - 7	7 + 1
10 - 3	6 + 8	5 + 2	5 + 1	9 - 6	4 + 5	6 - 4	9 - 4	9 - 7

9	5	1	15	17	15	7	12	13
+ 5	+ 6	+ 4	- 8	- 8	- 7	- 6	- 6	- 7
5	3	4	7	3	9	4	6	16
+ 5	+ 5	+ 6	+ 7	+ 3	+ 6	- 3	+ 7	- 8
4	2	5	10	7	5	9	10	17
+ 9	+ 2	- 3	- 7	- 5	+ 3	+ 3	- 6	- 9
15	12	9	6	18	9	7	14	6
- 9	- 5	- 6	+ 8	- 9	- 1	+ 3	- 9	+ 6
14	11	4	6	3	13	16	3	9
- 6	- 5	+ 3	+ 5	+ 6	- 5	- 9	+ 8	+ 7
8	6	6	5	8	3	7	9	6
- 6	- 4	+ 9	+ 2	+ 8	+ 1	+ 9	- 4	- 3
3	9	2	11	2	1	1	9	7
- 2	- 8	+ 7	- 7	+ 5	+ 1	+ 8	- 7	+ 8
13	8	8	7	8	4	16	4	1
- 4	- 3	- 5	- 3	+ 7	+ 7	- 7	+ 2	+ 7

13 − 5	11 − 9	4 + 8	4 + 4	9 + 3	6 − 5	5 + 1	5 + 4	10 − 8
6 + 3	16 − 8	17 − 9	8 + 7	10 − 6	3 + 1	5 + 6	12 − 5	3 + 3
13 − 7	2 + 8	14 − 8	4 + 1	3 + 5	17 − 8	8 + 2	5 − 4	9 + 9
3 + 6	18 − 9	2 + 5	9 − 5	2 + 1	8 − 6	7 + 9	4 + 3	8 + 3
4 − 3	2 + 9	4 + 2	15 − 8	11 − 4	15 − 6	9 + 2	6 + 2	13 − 9
9 − 6	14 − 6	7 + 5	9 + 8	5 − 2	7 + 8	4 + 5	9 − 7	4 + 6
13 − 6	11 − 3	8 + 9	5 + 3	8 − 2	2 + 3	7 − 4	3 + 7	3 − 2
4 − 2	10 − 3	3 + 8	5 − 3	11 − 5	12 − 7	12 − 4	5 + 7	10 − 1

2 + 5	8 + 4	4 + 3	6 + 4	4 + 6	8 - 2	8 + 6	13 - 9	7 - 4
16 - 9	2 + 4	9 - 8	8 - 4	2 + 8	7 + 2	10 - 9	12 - 7	10 - 1
7 + 4	4 + 5	4 - 2	6 + 3	7 + 7	4 + 7	9 - 4	5 - 4	15 - 6
6 - 3	8 - 6	7 + 6	12 - 3	18 - 9	11 - 4	2 + 6	11 - 2	2 + 2
13 - 7	9 + 5	14 - 5	5 + 9	3 - 2	5 + 6	5 + 4	3 + 3	12 - 4
1 + 3	6 + 6	9 + 4	10 - 8	8 - 5	3 + 5	4 + 8	5 + 8	5 - 3
7 + 3	9 - 1	8 + 3	14 - 8	14 - 6	3 + 9	3 + 4	7 + 9	16 - 8
11 - 5	6 - 5	9 - 7	14 - 9	8 + 1	12 - 8	3 + 7	11 - 9	5 + 3

9 - 8	8 - 4	2 + 5	14 - 8	5 - 4	2 + 9	2 + 1	4 - 2	13 - 7
1 + 6	3 + 6	9 - 0	16 - 7	4 + 2	15 - 6	7 + 4	2 + 6	5 - 3
14 - 7	14 - 6	9 - 1	3 + 4	4 + 1	8 + 2	18 - 9	9 + 6	12 - 7
10 - 3	11 - 7	17 - 8	8 + 8	14 - 5	12 - 8	6 + 8	1 + 7	3 - 2
1 + 2	9 + 4	7 + 9	1 + 3	11 - 6	7 + 5	8 + 7	11 - 4	2 + 7
4 - 3	13 - 4	9 - 5	5 + 4	10 - 2	4 + 4	3 + 2	6 + 1	6 - 5
1 + 5	15 - 8	3 + 3	1 + 4	9 - 4	12 - 6	10 - 7	5 + 6	13 - 9
8 + 3	5 + 3	8 - 5	5 + 2	7 + 1	7 - 3	7 + 8	4 + 6	16 - 9

6	15	4	14	5	1	5	13	16
+ 1	- 8	- 3	- 5	+ 3	+ 6	+ 2	- 8	- 8

2	6	14	8	6	9	8	17	2
+ 8	- 5	- 8	+ 8	+ 4	- 6	+ 9	- 8	+ 4

2	4	4	4	6	4	4	10	9
+ 5	+ 1	+ 6	+ 5	- 3	+ 2	+ 3	- 7	+ 8

7	16	8	15	7	9	10	2	15
+ 9	- 7	+ 7	- 9	- 5	- 5	- 6	+ 6	- 7

7	9	5	8	5	9	10	12	9
+ 2	- 1	- 3	- 6	+ 7	- 4	- 8	- 8	+ 2

3	3	10	7	1	10	5	5	14
+ 3	+ 9	- 5	- 6	+ 3	- 3	+ 4	- 2	- 9

5	16	8	3	14	4	9	18	4
+ 9	- 9	- 5	+ 2	- 7	+ 8	+ 5	- 9	- 2

1	2	12	9	6	14	6	12	7
+ 8	+ 3	- 5	+ 6	+ 5	- 6	+ 6	- 4	+ 8

9 + 2	2 + 4	13 - 7	8 + 3	2 + 6	1 + 5	11 - 2	8 - 6	2 + 8
15 - 7	11 - 3	6 + 4	13 - 4	14 - 9	16 - 9	4 + 1	8 + 6	5 - 3
1 + 6	6 + 7	10 - 5	18 - 9	8 + 5	6 + 2	4 + 7	15 - 9	5 + 8
4 - 3	9 - 7	17 - 9	5 + 4	1 + 9	4 + 8	6 - 3	1 + 4	3 - 2
3 + 7	3 + 6	4 - 2	12 - 9	3 + 4	14 - 6	4 + 6	8 - 5	5 - 4
6 + 8	12 - 5	5 + 2	8 + 7	6 - 4	7 + 4	13 - 5	5 - 2	4 + 3
15 - 6	12 - 6	6 + 9	14 - 8	3 + 3	9 + 3	16 - 8	15 - 8	14 - 7
9 + 7	9 + 4	7 - 6	10 - 9	5 + 5	3 + 9	9 + 6	12 - 3	9 - 3

8 + 3	8 + 7	18 - 9	13 - 7	15 - 8	6 + 7	5 + 3	3 + 2	12 - 6
6 + 3	16 - 9	2 + 6	1 + 1	7 - 4	9 - 8	7 + 8	6 - 2	11 - 5
16 - 8	4 + 5	7 + 3	15 - 7	2 + 8	5 + 2	1 + 7	15 - 9	7 + 7
9 + 3	3 + 5	2 + 1	4 + 3	10 - 5	13 - 6	7 + 6	6 + 4	5 - 4
14 - 5	3 - 2	11 - 3	9 + 4	5 + 7	16 - 7	13 - 9	17 - 9	6 + 8
3 + 4	4 + 8	13 - 5	3 + 9	12 - 4	14 - 7	4 + 2	14 - 8	3 + 7
11 - 9	11 - 2	6 + 6	8 + 5	13 - 4	4 - 3	4 - 2	4 + 7	8 + 8
14 - 9	6 - 4	5 + 4	1 + 9	9 - 4	9 - 2	10 - 4	3 + 8	12 - 7

7 + 8	16 - 9	17 - 8	7 - 4	4 + 8	12 - 3	5 - 4	9 + 4	6 + 2
11 - 5	3 - 2	6 + 8	14 - 5	9 - 3	5 + 9	1 + 6	2 + 9	5 - 2
18 - 9	9 - 0	5 + 3	2 + 4	7 + 2	14 - 7	7 - 3	2 + 6	8 - 5
1 + 1	6 + 7	15 - 8	12 - 7	3 + 1	9 + 5	2 + 7	17 - 9	2 + 2
7 + 7	6 + 4	10 - 6	3 + 5	4 + 1	7 + 1	9 - 8	6 + 3	13 - 8
7 + 6	7 + 9	4 - 2	16 - 8	5 + 6	1 + 5	11 - 3	12 - 5	9 - 1
4 + 6	7 + 3	2 + 3	8 - 7	16 - 7	4 + 7	4 - 3	15 - 9	9 + 3
11 - 6	14 - 6	6 - 2	12 - 6	12 - 9	1 + 2	5 + 8	3 + 9	10 - 2

8 − 3	9 − 1	13 − 7	7 + 4	8 + 4	4 + 2	5 − 2	14 − 8	5 + 6
7 + 2	6 + 6	8 + 6	10 − 5	8 − 6	3 + 3	8 − 2	14 − 7	11 − 8
5 + 4	4 + 3	5 − 3	6 + 9	5 − 4	9 − 5	12 − 3	7 + 6	4 − 2
6 + 3	5 + 3	6 + 5	6 − 5	3 + 7	16 − 8	1 + 8	15 − 9	8 + 7
4 + 7	7 − 3	7 − 6	11 − 2	15 − 8	11 − 6	3 + 2	11 − 3	4 + 4
7 + 8	6 + 7	7 − 4	17 − 8	7 + 3	3 + 5	14 − 5	8 + 1	3 + 6
2 + 1	2 + 5	12 − 6	2 + 8	18 − 9	3 + 1	10 − 9	5 + 5	14 − 6
9 − 2	6 − 3	5 + 8	4 − 3	7 + 9	8 + 3	17 − 9	8 − 7	6 + 8

5 + 7	3 - 2	8 + 2	17 - 9	10 - 7	4 - 3	2 + 2	16 - 7	14 - 8
10 - 4	7 + 4	1 + 7	6 - 3	7 + 9	8 + 9	6 + 2	1 + 6	3 + 9
6 - 4	7 + 1	11 - 8	5 + 1	12 - 3	2 + 6	9 + 9	6 + 9	13 - 5
2 + 9	11 - 2	6 - 5	4 + 5	9 + 1	7 - 4	17 - 8	10 - 9	13 - 8
18 - 9	2 + 5	5 + 5	3 + 7	7 + 5	4 + 7	8 - 7	11 - 3	13 - 6
5 - 4	12 - 6	8 + 4	8 - 6	6 - 2	8 + 7	7 - 6	15 - 7	6 + 1
5 + 2	4 + 8	8 + 6	10 - 6	6 + 3	8 + 3	3 + 5	14 - 6	16 - 9
9 + 5	15 - 9	2 + 3	15 - 8	3 + 6	11 - 5	9 - 8	9 - 6	7 + 8

18 - 9	7 + 5	4 - 2	2 + 3	6 + 4	8 + 8	2 + 6	13 - 6	3 + 8
2 + 5	6 + 8	3 + 1	8 + 9	5 - 4	4 + 3	7 + 9	11 - 2	5 + 2
16 - 8	3 + 7	2 + 1	11 - 5	5 + 8	15 - 8	2 + 9	8 - 3	5 + 6
8 + 1	6 - 3	5 + 3	10 - 2	8 + 5	11 - 7	7 - 4	9 - 1	12 - 8
6 - 5	13 - 8	6 + 3	12 - 7	4 - 3	8 + 4	17 - 9	3 - 2	10 - 1
15 - 7	16 - 7	11 - 6	4 + 1	4 + 4	15 - 9	6 - 4	10 - 5	7 + 2
2 + 7	7 + 4	6 - 2	17 - 8	4 + 5	9 - 6	9 + 7	3 + 4	11 - 9
4 + 7	8 + 6	10 - 3	5 - 3	12 - 5	8 + 7	7 - 6	3 + 9	1 + 2

8	15	6	8	4	11	9	13	16
- 5	- 7	+ 8	+ 2	- 3	- 4	+ 2	- 5	- 8

3	2	8	15	12	4	9	7	12
+ 1	+ 2	- 4	- 6	- 6	+ 6	+ 7	+ 5	- 5

3	7	5	17	14	8	3	5	7
+ 9	+ 6	+ 7	- 9	- 6	- 3	+ 3	+ 4	- 4

8	2	10	8	2	9	7	10	6
+ 5	+ 5	- 2	+ 6	+ 4	+ 8	- 5	- 5	- 2

8	2	8	6	5	7	11	6	2
- 7	+ 7	+ 3	+ 9	+ 6	+ 8	- 9	+ 6	+ 6

3	13	11	8	7	7	5	9	8
+ 2	- 6	- 5	+ 7	+ 4	+ 3	+ 5	- 5	- 6

8	10	12	7	14	17	18	7	9
+ 1	- 7	- 7	+ 2	- 7	- 8	- 9	+ 1	+ 3

12	14	13	7	16	8	13	5	3
- 4	- 8	- 4	- 6	- 7	+ 9	- 8	- 4	+ 5

4	3	2	8	13	8	4	7	4
+ 8	+ 6	+ 5	- 7	- 6	+ 6	+ 3	- 5	+ 5
10	4	5	6	2	16	5	13	7
- 8	- 3	- 3	+ 3	+ 4	- 8	+ 5	- 9	+ 7
12	12	7	6	9	6	1	7	9
- 8	- 5	- 4	+ 8	- 3	- 5	+ 5	+ 2	+ 3
4	12	3	13	6	10	17	14	6
+ 7	- 7	- 2	- 8	+ 6	- 5	- 9	- 5	+ 2
7	5	7	2	2	8	8	10	3
+ 8	+ 2	+ 3	+ 2	+ 1	+ 3	+ 4	- 6	+ 4
8	10	12	16	5	5	8	11	18
- 5	- 1	- 4	- 9	+ 6	+ 4	+ 9	- 6	- 9
6	6	8	1	12	3	8	8	6
+ 5	- 3	- 3	+ 6	- 9	+ 8	+ 1	- 4	+ 7
5	11	10	6	7	2	13	4	6
+ 1	- 2	- 7	- 4	- 6	+ 6	- 7	+ 2	- 2

9 + 2	2 + 3	13 - 5	11 - 8	8 + 8	6 - 5	12 - 5	3 + 3	15 - 9
16 - 7	2 + 1	4 + 2	2 + 8	5 + 1	3 + 1	18 - 9	7 - 3	3 + 9
4 - 3	4 + 3	1 + 3	7 + 5	2 + 6	4 + 7	6 - 2	17 - 9	6 + 3
12 - 6	15 - 7	6 + 8	16 - 9	7 - 4	13 - 4	7 + 7	17 - 8	6 + 4
7 + 6	14 - 8	12 - 3	13 - 8	9 + 6	6 - 4	13 - 9	3 + 2	5 + 4
10 - 1	3 + 5	15 - 6	11 - 6	5 - 3	6 + 7	7 - 6	8 + 1	3 + 6
2 + 7	2 + 9	9 + 7	7 + 4	6 - 3	13 - 7	4 + 4	12 - 9	8 - 7
5 + 7	2 + 5	9 - 6	10 - 2	9 + 5	8 - 5	7 - 2	4 + 6	7 - 5

11 - 8	4 + 5	8 + 4	12 - 5	6 + 4	15 - 8	4 + 1	6 - 4	18 - 9
3 - 2	8 + 6	5 - 4	7 + 9	3 + 8	14 - 6	13 - 5	9 + 8	13 - 7
3 + 7	3 + 4	9 + 7	4 - 3	3 + 6	9 + 5	4 + 8	2 + 2	5 + 6
17 - 8	14 - 7	10 - 4	16 - 7	7 + 5	7 - 6	17 - 9	8 - 7	1 + 2
5 - 2	2 + 3	12 - 3	12 - 7	11 - 9	1 + 3	7 + 6	8 - 5	13 - 4
10 - 5	4 + 6	6 + 6	3 + 5	1 + 4	8 + 3	7 - 2	12 - 8	6 + 2
7 + 8	4 + 7	7 + 3	9 - 5	6 - 2	3 + 2	11 - 4	6 + 1	16 - 9
2 + 7	4 - 2	5 + 2	16 - 8	6 - 3	8 + 2	10 - 6	3 + 9	12 - 6

4 − 3	7 + 7	2 + 2	18 − 9	10 − 8	6 − 3	3 − 2	5 + 6	8 + 3
1 + 1	10 − 3	4 + 7	4 − 2	8 + 2	14 − 7	7 + 9	17 − 9	4 + 3
7 − 6	2 + 6	16 − 8	6 + 2	2 + 3	6 + 3	12 − 7	11 − 3	17 − 8
6 + 5	3 + 5	13 − 6	2 + 4	12 − 3	5 + 3	11 − 7	15 − 8	10 − 2
5 + 1	7 − 4	7 + 8	1 + 2	10 − 5	7 + 3	4 + 6	3 + 2	2 + 1
1 + 5	2 + 5	9 + 6	7 − 3	7 + 5	5 + 4	13 − 8	2 + 7	5 − 4
9 − 1	2 + 9	11 − 6	9 + 2	3 + 8	6 + 7	14 − 8	11 − 4	8 − 6
12 − 9	12 − 4	10 − 9	9 − 0	1 + 6	6 − 5	8 − 4	9 − 4	6 + 6

15 - 9	16 - 7	2 + 5	4 + 9	11 - 4	6 + 8	4 - 2	12 - 5	4 + 8
5 - 3	13 - 7	10 - 4	5 + 6	7 + 5	14 - 7	6 + 9	11 - 6	16 - 8
3 + 3	8 + 9	4 - 3	9 + 6	4 + 5	9 - 1	15 - 8	13 - 4	5 - 2
8 + 4	6 - 4	5 + 2	4 + 6	9 - 6	8 - 5	9 - 2	7 - 5	1 + 2
18 - 9	6 + 7	7 + 9	17 - 8	7 - 2	14 - 9	2 + 2	7 - 4	3 - 2
7 + 6	9 + 5	7 + 3	12 - 6	4 + 4	2 + 9	7 - 6	7 - 3	1 + 8
8 + 5	2 + 6	6 + 2	5 + 5	5 + 7	1 + 9	2 + 7	12 - 8	3 + 4
9 + 1	6 - 3	9 + 4	13 - 9	8 + 7	11 - 7	17 - 9	10 - 5	9 + 2

12 - 4	9 - 5	4 + 3	17 - 8	9 + 7	9 - 3	5 + 7	3 + 2	7 + 5
17 - 9	3 + 6	9 - 8	7 - 6	2 + 3	5 - 3	7 + 1	8 - 7	4 + 6
9 + 3	7 + 6	8 + 2	16 - 8	5 + 4	6 + 5	7 + 9	7 - 4	8 - 3
5 - 4	5 + 5	6 + 6	8 + 6	18 - 9	15 - 7	13 - 7	6 - 5	3 + 5
14 - 9	9 + 2	8 + 4	13 - 4	11 - 4	6 + 1	8 - 4	14 - 7	7 + 4
16 - 9	8 + 7	15 - 8	2 + 8	4 - 3	10 - 6	3 + 4	10 - 7	1 + 9
12 - 6	3 - 2	14 - 6	6 + 7	7 + 2	8 + 3	14 - 8	8 + 9	16 - 7
11 - 5	10 - 1	4 + 9	4 + 8	1 + 5	5 + 3	9 - 6	6 - 4	4 + 4

16 − 8	9 − 2	13 − 5	7 + 4	16 − 9	13 − 9	3 − 2	18 − 9	13 − 7
5 − 2	8 + 6	5 − 4	9 + 1	15 − 8	7 + 8	8 − 4	3 + 3	2 + 2
8 − 5	7 − 6	1 + 7	4 + 7	10 − 6	15 − 9	11 − 8	15 − 7	5 + 1
4 − 3	8 + 5	8 + 8	6 + 5	12 − 8	3 + 1	4 + 1	2 + 5	6 − 3
9 − 8	12 − 9	5 − 3	7 + 5	6 + 7	6 + 8	1 + 5	2 + 6	11 − 6
17 − 9	7 + 1	17 − 8	3 + 7	3 + 2	9 − 6	2 + 8	6 + 3	9 − 5
2 + 7	5 + 4	6 − 4	7 + 2	7 + 6	1 + 6	7 + 9	6 + 2	5 + 7
5 + 3	9 − 0	13 − 4	4 − 2	4 + 6	6 + 9	11 − 5	6 − 5	7 − 5

10	8	9	11	4	9	14	15	5
- 4	+ 3	+ 7	- 4	+ 7	+ 6	- 7	- 7	+ 2

1	3	16	5	8	9	8	17	4
+ 3	+ 4	- 8	+ 6	- 4	+ 2	- 6	- 8	- 3

5	6	1	8	16	8	3	8	2
+ 5	+ 7	+ 7	- 7	- 9	+ 5	+ 2	+ 2	+ 1

14	12	13	15	3	6	3	3	8
- 6	- 4	- 9	- 9	+ 5	- 5	+ 6	- 2	+ 6

8	5	5	7	10	6	16	7	14
+ 9	+ 8	- 2	+ 3	- 1	+ 3	- 7	+ 6	- 9

11	15	11	5	3	6	2	7	2
- 7	- 8	- 5	+ 4	+ 8	- 4	+ 3	- 2	+ 7

10	13	5	2	8	14	7	12	8
- 2	- 7	+ 3	+ 4	+ 4	- 8	- 6	- 7	- 3

3	9	5	11	3	7	6	12	5
+ 1	- 7	+ 9	- 2	+ 9	+ 7	+ 8	- 6	- 4

8 - 6	7 + 2	7 + 8	14 - 8	6 - 5	11 - 7	9 - 4	3 + 8	14 - 9
12 - 9	6 + 6	8 + 8	10 - 9	3 + 4	6 + 7	17 - 8	6 + 8	15 - 8
4 + 1	11 - 2	7 + 5	6 + 4	3 + 5	17 - 9	7 + 4	9 - 1	11 - 6
9 - 2	4 + 5	4 + 3	5 + 7	6 - 3	16 - 8	5 + 4	8 + 2	3 - 2
15 - 9	12 - 4	5 + 6	15 - 7	8 - 4	5 + 9	1 + 8	15 - 6	4 + 6
13 - 6	4 - 2	10 - 6	9 + 7	18 - 9	10 - 5	7 - 5	8 + 9	3 + 2
6 + 9	4 + 7	2 + 5	5 - 4	8 - 7	9 + 8	7 + 6	2 + 7	11 - 5
4 + 8	5 - 3	14 - 6	8 + 5	2 + 2	9 + 4	5 + 2	4 - 3	9 - 5

7 − 3	5 − 4	8 + 1	8 + 9	16 − 7	7 + 4	7 + 5	6 + 4	8 + 7
8 + 6	11 − 2	9 − 7	7 − 4	13 − 4	3 + 9	2 + 5	8 − 7	9 − 5
13 − 8	5 − 3	5 + 2	15 − 8	2 + 4	12 − 3	15 − 7	4 + 8	2 + 1
8 + 4	9 + 6	4 + 6	6 − 5	3 − 2	8 + 5	7 + 8	7 + 9	11 − 4
10 − 5	8 − 6	5 + 7	8 − 4	3 + 6	11 − 8	12 − 7	17 − 8	8 − 5
8 + 2	9 − 3	6 + 5	6 + 9	2 + 2	18 − 9	11 − 3	3 + 7	6 + 3
5 + 3	4 + 3	14 − 8	7 + 7	16 − 8	7 − 5	13 − 9	15 − 9	14 − 5
17 − 9	3 + 8	14 − 7	4 − 3	4 + 2	3 + 2	6 + 7	1 + 4	7 + 1

4 + 6	7 + 5	17 - 8	8 + 6	14 - 7	7 + 2	1 + 7	6 + 2	6 + 7
4 + 5	3 + 8	2 + 6	6 - 4	2 + 3	7 + 6	14 - 6	9 - 8	3 + 3
2 + 7	4 + 3	10 - 8	3 + 5	6 + 5	4 - 2	7 - 4	8 - 3	8 + 2
12 - 6	6 - 3	5 - 4	5 + 3	11 - 8	3 + 2	1 + 8	5 + 4	5 + 5
6 + 6	4 - 3	13 - 8	5 - 3	7 - 6	10 - 1	10 - 7	8 - 4	7 - 3
8 - 6	5 + 2	5 + 8	8 + 5	6 - 2	9 + 6	4 + 2	3 + 4	1 + 2
9 + 7	8 + 1	12 - 3	3 + 6	17 - 9	11 - 7	12 - 8	13 - 7	8 - 7
16 - 8	10 - 3	9 - 2	6 - 5	3 + 7	8 - 2	18 - 9	5 + 7	11 - 2

SOLUTIONS

3

3 +6 = 9	4 +4 = 8	6 +2 = 8	3 +5 = 8	4 -2 = 2	1 +5 = 6	13 -5 = 8	6 +6 = 12	16 -9 = 7
10 -5 = 5	15 -8 = 7	10 -9 = 1	18 -9 = 9	8 +2 = 10	4 +2 = 6	6 +8 = 14	8 +3 = 11	13 -8 = 5
8 +8 = 16	5 +6 = 11	5 +7 = 12	9 -3 = 6	12 -7 = 5	2 +2 = 4	17 -8 = 9	7 +9 = 16	10 -3 = 7
6 -2 = 4	6 +1 = 7	12 -5 = 7	11 -8 = 3	14 -5 = 9	11 -4 = 7	7 +8 = 15	15 -7 = 8	13 -7 = 6
7 -3 = 4	4 +9 = 13	11 -6 = 5	7 -5 = 2	10 -4 = 6	4 +3 = 7	5 +8 = 13	6 -5 = 1	15 -9 = 6
17 -9 = 8	5 -4 = 1	13 -4 = 9	3 +8 = 11	8 -6 = 2	4 +5 = 9	13 -9 = 4	9 +4 = 13	11 -3 = 8
9 +6 = 15	1 +9 = 10	1 +3 = 4	9 +7 = 16	3 +3 = 6	5 +9 = 14	2 +1 = 3	7 +5 = 12	9 +1 = 10
7 -4 = 3	8 +5 = 13	16 -8 = 8	11 -5 = 6	5 +5 = 10	3 +9 = 12	9 -0 = 9	4 -3 = 1	4 +7 = 11

4

12 -5 = 7	3 +3 = 6	15 -7 = 8	7 +4 = 11	2 +9 = 11	14 -6 = 8	5 +8 = 13	7 +6 = 13	2 +1 = 3
18 -9 = 9	10 -9 = 1	5 +3 = 8	8 -2 = 6	15 -9 = 6	14 -8 = 6	6 -5 = 1	3 -2 = 1	9 -3 = 6
15 -6 = 9	10 -6 = 4	4 +7 = 11	8 +6 = 14	7 -5 = 2	8 +5 = 13	1 +4 = 5	8 -6 = 2	14 -7 = 7
13 -8 = 5	8 +7 = 15	9 +8 = 17	6 -4 = 2	4 +2 = 6	16 -8 = 8	2 +7 = 9	8 +2 = 10	15 -8 = 7
3 +9 = 12	6 -3 = 3	6 +3 = 9	17 -9 = 8	7 +1 = 8	4 +1 = 5	9 -0 = 9	4 +8 = 12	2 +6 = 8
4 -3 = 1	1 +7 = 8	14 -9 = 5	2 +5 = 7	17 -8 = 9	5 +4 = 9	10 -8 = 2	4 -2 = 2	1 +5 = 6
5 +6 = 11	6 +8 = 14	9 +1 = 10	11 -8 = 3	7 -2 = 5	7 +5 = 12	12 -4 = 8	10 -4 = 6	6 +2 = 8
16 -9 = 7	11 -7 = 4	2 +8 = 10	3 +7 = 10	5 +2 = 7	5 -3 = 2	6 +5 = 11	3 +8 = 11	10 -5 = 5

5

8 +3 = 11	4 -2 = 2	7 -3 = 4	6 +6 = 12	3 -2 = 1	17 -8 = 9	14 -8 = 6	13 -5 = 8	7 +2 = 9
12 -8 = 4	9 +3 = 12	7 +9 = 16	4 +8 = 12	15 -6 = 9	7 +6 = 13	13 -8 = 5	18 -9 = 9	7 -5 = 2
2 +3 = 5	3 +2 = 5	10 -7 = 3	4 +3 = 7	6 -4 = 2	9 +1 = 10	2 +7 = 9	8 +5 = 13	12 -5 = 7
3 +5 = 8	7 +8 = 15	5 -4 = 1	6 +3 = 9	15 -8 = 7	8 -7 = 1	2 +2 = 4	10 -5 = 5	4 +9 = 13
9 +4 = 13	5 +8 = 13	6 -2 = 4	17 -9 = 8	6 +8 = 14	14 -6 = 8	11 -4 = 7	3 +8 = 11	6 +9 = 15
13 -4 = 9	3 +7 = 10	5 -3 = 2	2 +8 = 10	4 -3 = 1	16 -9 = 7	8 -5 = 3	15 -7 = 8	7 +3 = 10
8 +4 = 12	4 +2 = 6	13 -7 = 6	6 +4 = 10	6 +5 = 11	15 -9 = 6	16 -8 = 8	12 -7 = 5	8 +6 = 14
1 +4 = 5	8 -2 = 6	7 -2 = 5	9 +8 = 17	9 -6 = 3	6 +7 = 13	11 -5 = 6	5 +3 = 8	2 +6 = 8

6

5 -4 = 1	12 -8 = 4	10 -2 = 8	7 +7 = 14	16 -8 = 8	7 +6 = 13	8 +5 = 13	5 -3 = 2	6 +1 = 7
7 +4 = 11	3 -2 = 1	17 -8 = 9	4 +4 = 8	3 +4 = 7	6 +7 = 13	8 +7 = 15	2 +7 = 9	7 +9 = 16
13 -5 = 8	6 +9 = 15	3 +5 = 8	5 +7 = 12	10 -1 = 9	7 -4 = 3	11 -2 = 9	3 +1 = 4	7 +5 = 12
8 +6 = 14	7 -5 = 2	9 -2 = 7	2 +5 = 7	10 -5 = 5	7 +2 = 9	5 +5 = 10	4 +6 = 10	18 -9 = 9
11 -5 = 6	9 -5 = 4	9 -6 = 3	4 +3 = 7	9 +7 = 16	2 +8 = 10	7 +3 = 10	14 -6 = 8	8 -6 = 2
3 +2 = 5	13 -6 = 7	5 +9 = 14	2 +4 = 6	6 +4 = 10	11 -9 = 2	4 +7 = 11	6 -4 = 2	15 -7 = 8
1 +6 = 7	5 +4 = 9	13 -8 = 5	17 -9 = 8	5 -2 = 3	10 -8 = 2	6 -3 = 3	16 -7 = 9	12 -9 = 3
6 -2 = 4	3 +6 = 9	12 -4 = 8	4 +1 = 5	1 +1 = 2	6 +2 = 8	15 -8 = 7	14 -9 = 5	9 -3 = 6

7

7 + 8 = 15	12 − 8 = 4	17 − 9 = 8	5 + 1 = 6	3 + 5 = 8	11 − 2 = 9	5 + 3 = 8	9 − 7 = 2	5 − 3 = 2
8 − 3 = 5	9 − 5 = 4	3 + 8 = 11	1 + 3 = 4	7 − 6 = 1	1 + 9 = 10	18 − 9 = 9	12 − 5 = 7	17 − 8 = 9
15 − 7 = 8	16 − 8 = 8	4 + 7 = 11	8 + 2 = 10	10 − 6 = 4	8 + 6 = 14	8 + 5 = 13	4 + 2 = 6	7 − 2 = 5
3 + 7 = 10	9 − 2 = 7	2 + 7 = 9	8 − 7 = 1	6 + 5 = 11	3 + 1 = 4	13 − 4 = 9	5 + 8 = 13	7 + 2 = 9
6 + 6 = 12	4 + 6 = 10	5 + 7 = 12	12 − 7 = 5	15 − 8 = 7	9 − 8 = 1	6 + 2 = 8	4 + 3 = 7	9 + 2 = 11
2 + 5 = 7	7 + 4 = 11	11 − 8 = 3	5 − 4 = 1	3 − 2 = 1	6 − 3 = 3	3 + 6 = 9	3 + 3 = 6	5 + 2 = 7
16 − 9 = 7	8 − 2 = 6	7 − 3 = 4	4 + 4 = 8	9 − 1 = 8	3 + 9 = 12	2 + 8 = 10	9 + 5 = 14	13 − 8 = 5
7 − 4 = 3	9 − 3 = 6	8 + 8 = 16	12 − 4 = 8	6 − 5 = 1	4 + 1 = 5	14 − 7 = 7	10 − 4 = 6	5 + 5 = 10

8

4 − 2 = 2	6 + 5 = 11	3 + 3 = 6	4 − 3 = 1	7 + 7 = 14	7 + 6 = 13	14 − 7 = 7	14 − 6 = 8	9 − 0 = 9
5 + 2 = 7	6 + 8 = 14	6 + 4 = 10	6 + 3 = 9	2 + 6 = 8	7 − 4 = 3	11 − 6 = 5	6 − 2 = 4	11 − 8 = 3
11 − 7 = 4	12 − 3 = 9	3 + 1 = 4	5 − 2 = 3	4 + 8 = 12	3 + 9 = 12	12 − 4 = 8	7 + 8 = 15	6 − 3 = 3
9 + 9 = 18	6 + 1 = 7	5 + 6 = 11	12 − 7 = 5	17 − 8 = 9	4 + 6 = 10	7 − 5 = 2	17 − 9 = 8	12 − 6 = 6
10 − 7 = 3	8 − 3 = 5	9 + 7 = 16	10 − 2 = 8	5 + 1 = 6	4 + 7 = 11	10 − 5 = 5	9 + 4 = 13	3 + 5 = 8
5 + 4 = 9	5 + 7 = 12	8 + 5 = 13	9 − 1 = 8	4 + 5 = 9	7 + 1 = 8	2 + 4 = 6	3 + 6 = 9	1 + 4 = 5
10 − 6 = 4	8 − 7 = 1	8 + 8 = 16	13 − 5 = 8	15 − 8 = 7	7 + 5 = 12	14 − 8 = 6	5 + 3 = 8	9 − 4 = 5
6 − 5 = 1	1 + 2 = 3	3 + 2 = 5	4 + 1 = 5	12 − 8 = 4	14 − 5 = 9	5 − 3 = 2	3 − 2 = 1	16 − 7 = 9

9

12 − 5 = 7	10 − 6 = 4	14 − 5 = 9	3 + 7 = 10	6 + 2 = 8	6 − 2 = 4	7 + 9 = 16	4 − 2 = 2	10 − 8 = 2
9 + 7 = 16	8 + 8 = 16	18 − 9 = 9	12 − 6 = 6	3 + 2 = 5	11 − 5 = 6	6 + 8 = 14	4 + 7 = 11	8 − 7 = 1
3 − 2 = 1	13 − 6 = 7	7 − 5 = 2	10 − 7 = 3	8 + 6 = 14	9 − 8 = 1	6 − 5 = 1	5 + 8 = 13	4 − 3 = 1
8 − 3 = 5	14 − 6 = 8	5 − 4 = 1	4 + 5 = 9	11 − 6 = 5	6 + 7 = 13	6 − 3 = 3	11 − 8 = 3	4 + 8 = 12
7 − 4 = 3	2 + 7 = 9	16 − 8 = 8	3 + 4 = 7	7 + 1 = 8	12 − 4 = 8	5 + 3 = 8	5 + 5 = 10	13 − 5 = 8
7 + 6 = 13	8 + 5 = 13	5 + 1 = 6	5 + 2 = 7	2 + 8 = 10	7 + 8 = 15	8 + 3 = 11	10 − 2 = 8	9 − 1 = 8
4 + 1 = 5	6 + 9 = 15	3 + 6 = 9	7 − 6 = 1	8 − 2 = 6	9 − 5 = 4	1 + 8 = 9	6 − 4 = 2	2 + 9 = 11
9 − 7 = 2	7 + 7 = 14	11 − 9 = 2	4 + 2 = 6	2 + 6 = 8	6 + 5 = 11	3 + 8 = 11	3 + 9 = 12	17 − 9 = 8

10

8 + 8 = 16	15 − 8 = 7	3 − 2 = 1	6 − 5 = 1	5 + 2 = 7	8 + 4 = 12	8 − 6 = 2	17 − 9 = 8	12 − 4 = 8
3 + 2 = 5	4 − 3 = 1	18 − 9 = 9	16 − 7 = 9	4 + 6 = 10	5 + 5 = 10	7 − 5 = 2	14 − 5 = 9	6 + 4 = 10
3 + 4 = 7	6 + 3 = 9	8 − 7 = 1	8 − 2 = 6	3 + 3 = 6	9 + 6 = 15	11 − 6 = 5	3 + 9 = 12	11 − 5 = 6
3 + 7 = 10	7 + 6 = 13	17 − 8 = 9	16 − 8 = 8	5 + 3 = 8	9 + 1 = 10	4 + 5 = 9	11 − 9 = 2	2 + 1 = 3
15 − 7 = 8	1 + 5 = 6	5 + 1 = 6	4 + 4 = 8	8 + 5 = 13	6 + 2 = 8	10 − 3 = 7	4 + 8 = 12	10 − 9 = 1
8 + 1 = 9	7 + 3 = 10	6 + 5 = 11	9 + 2 = 11	6 − 3 = 3	4 − 2 = 2	7 + 5 = 12	14 − 9 = 5	11 − 4 = 7
2 + 2 = 4	9 − 4 = 5	5 − 2 = 3	3 + 6 = 9	6 + 8 = 14	8 + 2 = 10	10 − 4 = 6	14 − 7 = 7	5 − 3 = 2
11 − 3 = 8	7 − 3 = 4	2 + 4 = 6	13 − 5 = 8	10 − 5 = 5	7 + 2 = 9	5 + 6 = 11	7 − 6 = 1	10 − 2 = 8

Page 11

```
  7      16     11      2      7     14      7      9      1
+ 4    - 8    - 2    + 6    + 7    - 7    - 5    + 8    + 1
 11      8      9      8     14      7      2     17      2

 15      3      5      8      2      5      7      7      4
- 8    + 7    + 2    - 7    + 3    + 5    + 3    - 3    - 3
  7     10      7      1      5     10     10      4      1

  9      2      4      4     13      6      8      7     10
- 5    + 9    + 6    + 7    - 9    + 3    + 6    + 8    - 5
  4     11     10     11      4      9     14     15      5

 13     14      9      2      5     16     17      4      6
- 6    - 6    - 8    + 5    - 4    - 7    - 9    + 8    - 5
  7      8      1      7      1      9      8     12      1

  3     18      8      9      7      1     13      6      9
- 2    - 9    - 5    + 6    + 6    + 4    - 7    + 8    + 4
  1      9      3     15     13      5      6     14     13

 16      9      3     11      8     11      3     11      8
- 9    + 3    + 2    - 5    - 6    - 7    + 8    - 3    - 2
  7     12      5      6      2      4     11      8      6

  1     13      6      5      6      4      3     12      5
+ 6    - 5    - 2    + 6    + 7    + 5    + 6    - 7    + 1
  7      8      4     11     13      9      9      5      6

  6     13      6      4      6     10      7      5      8
- 3    - 8    - 4    - 2    + 5    - 3    + 2    + 3    + 8
  3      5      2      2     11      7      9      8     16
```

11

Page 12

```
  9     10      2      8      7      9      9      4      9
- 6    - 5    + 5    + 3    - 4    + 1    - 5    - 3    + 2
  3      5      7     11      3     10      4      1     11

  6     17     13     12     14      3      6      6      6
+ 5    - 9    - 7    - 6    - 6    - 2    + 4    - 2    - 5
 11      8      6      6      8      1     10      4      1

 17      3      7      8      4     15      8      7      8
- 8    + 1    - 5    + 8    + 4    - 7    - 6    + 2    + 5
  9      4      2     16      8      8      2      9     13

  1      2     15      4      5      7     14      5      5
+ 2    + 2    - 6    + 7    - 3    + 6    - 5    + 9    + 4
  3      4      9     11      2     13      9     14      9

 18      3      4      7     11      5     10      6      2
- 9    + 7    + 3    + 5    - 8    + 7    - 7    + 6    + 7
  9     10      7     12      3     12      3     12      9

  4      5      7      8     16      3      3      6     14
- 2    + 8    - 2    - 3    - 9    + 4    + 8    - 4    - 8
  2     13      5      5      7      7     11      2      6

  6      9      2     13      6      7      7      5      4
- 3    + 4    + 8    - 5    + 8    - 3    - 6    - 4    + 1
  3     13     10      8     14      4      1      1      5

  1      9     16      6      4     11      6      8      8
+ 6    + 5    - 8    + 2    + 5    - 6    + 1    - 4    + 4
  7     14      8      8      9      5      7      4     12
```

12

Page 13

```
  5      8      4      3      9     17      3     10     13
+ 3    + 5    + 7    + 3    + 4    - 8    + 2    - 9    - 4
  8     13     11      6     13      9      5      1      9

  8      3      8     12      5      7      7      5      2
- 2    + 7    - 4    - 7    - 2    - 3    - 2    + 6    + 5
  6     10      4      5      3      4      5     11      7

  4      8     14      2      6     15     10     11      5
+ 4    + 2    - 7    + 4    + 4    - 6    - 2    - 2    + 9
  8     10      7      6     10      9      8      9     14

  4      9      9     17      2      7      7      7     14
- 2    - 5    + 5    - 9    + 8    + 7    - 4    + 5    - 8
  2      4     14      8     10     14      3     12      6

  3     10     12     10      5     13     10      7      6
+ 4    - 5    - 8    - 8    + 8    - 8    - 7    + 8    + 6
  7      5      4      2     13      5      3     15     12

  7     15      7      8     18      1     11      5      3
+ 3    - 8    + 2    - 6    - 9    + 5    - 8    + 7    + 5
 10      7      9      2      9      6      3     12      8

  9      1      4     16     10      2      8      4      2
- 7    + 3    + 3    - 8    - 6    + 2    + 7    - 3    + 7
  2      4      7      8      4      4     15      1      9

 14      1      2      8     12     11      8      3      6
- 9    + 8    + 1    + 3    - 4    - 5    - 3    + 6    - 4
  5      9      3     11      8      6      5      9      2
```

13

Page 14

```
  7      4      9     13     10      6      7     17      4
- 2    + 8    - 1    - 9    - 8    + 4    + 4    - 9    + 5
  5     12      8      4      2     10     11      8      9

 18      2     10      5      9      9     11      8      9
- 9    + 4    - 3    + 1    + 3    + 5    - 4    + 2    + 9
  9      6      7      6     12     14      7     10     18

  8     16      3      7      8      6      7     17      9
+ 8    - 8    - 2    + 7    - 5    + 5    + 6    - 8    + 6
 16      8      1     14      3     11     13      9     15

  2      8      6     15      4     12     15      8      7
+ 2    - 7    + 2    - 9    - 3    - 9    - 6    - 3    + 3
  4      1      8      6      1      3      9      5     10

  4      6     13     10      6     16      9      1      1
+ 4    + 8    - 6    - 1    - 2    - 7    - 5    + 5    + 2
  8     14      7      9      4      9      4      6      3

  8      6      7      7      7      4     14      4     10
+ 5    + 1    + 8    + 5    - 4    + 9    - 5    + 7    - 2
 13      7     15     12      3     13      9     11      8

  9     14      3      5      9     14     15     12     12
+ 7    - 7    + 6    + 5    - 4    - 8    - 7    - 3    - 7
 16      7      9     10      5      6      8      9      5

  5      9      5     10      5      6      2     11      6
+ 7    + 8    + 3    - 7    - 2    + 9    + 5    - 2    - 3
 12     17      8      3      3     15      7      9      3
```

14

56

15

14 − 8 = 6	8 + 3 = 11	4 + 2 = 6	5 + 7 = 12	3 + 1 = 4	5 + 5 = 10	3 + 7 = 10	9 + 1 = 10	8 + 5 = 13
4 − 3 = 1	13 − 6 = 7	9 − 7 = 2	8 + 7 = 15	1 + 4 = 5	11 − 4 = 7	6 + 6 = 12	5 + 9 = 14	13 − 5 = 8
5 + 8 = 13	2 + 3 = 5	6 − 4 = 2	10 − 8 = 2	7 + 5 = 12	8 + 8 = 16	4 + 7 = 11	17 − 9 = 8	8 − 3 = 5
10 − 7 = 3	15 − 8 = 7	9 − 1 = 8	2 + 4 = 6	17 − 8 = 9	16 − 8 = 8	16 − 9 = 7	15 − 7 = 8	14 − 9 = 5
9 − 0 = 9	9 − 3 = 6	18 − 9 = 9	12 − 9 = 3	13 − 9 = 4	15 − 9 = 6	8 − 6 = 2	6 − 5 = 1	9 + 6 = 15
3 − 2 = 1	2 + 5 = 7	5 + 6 = 11	3 + 8 = 11	11 − 8 = 3	6 + 8 = 14	5 + 2 = 7	7 + 9 = 16	7 + 4 = 11
7 + 7 = 14	8 + 2 = 10	6 + 2 = 8	4 + 6 = 10	5 − 4 = 1	16 − 7 = 9	5 − 2 = 3	3 + 3 = 6	10 − 5 = 5
9 − 8 = 1	6 + 5 = 11	9 + 8 = 17	2 + 8 = 10	7 + 6 = 13	8 + 6 = 14	7 − 6 = 1	5 − 3 = 2	8 − 2 = 6

16

3 + 7 = 10	3 + 1 = 4	9 + 5 = 14	6 + 2 = 8	12 − 4 = 8	8 − 5 = 3	7 + 8 = 15	6 − 3 = 3	9 − 1 = 8
9 + 4 = 13	1 + 8 = 9	9 − 2 = 7	8 − 6 = 2	9 + 2 = 11	7 + 9 = 16	8 + 6 = 14	14 − 7 = 7	7 + 7 = 14
7 + 6 = 13	3 + 2 = 5	12 − 5 = 7	7 − 2 = 5	4 + 6 = 10	11 − 9 = 2	17 − 9 = 8	7 + 2 = 9	2 + 2 = 4
8 − 7 = 1	8 + 7 = 15	13 − 6 = 7	9 + 8 = 17	4 − 3 = 1	5 − 4 = 1	3 + 6 = 9	11 − 3 = 8	7 − 3 = 4
5 + 7 = 12	18 − 9 = 9	8 + 3 = 11	16 − 8 = 8	5 + 4 = 9	3 + 4 = 7	4 + 8 = 12	3 + 5 = 8	17 − 8 = 9
7 − 6 = 1	7 − 5 = 2	12 − 7 = 5	9 + 6 = 15	11 − 2 = 9	9 − 8 = 1	2 + 1 = 3	5 + 3 = 8	5 − 3 = 2
8 + 2 = 10	5 + 2 = 7	4 + 7 = 11	16 − 7 = 9	8 − 4 = 4	4 + 5 = 9	15 − 8 = 7	11 − 6 = 5	4 + 4 = 8
10 − 1 = 9	11 − 5 = 6	7 + 3 = 10	13 − 7 = 6	6 − 5 = 1	6 + 5 = 11	6 + 3 = 9	11 − 8 = 3	9 − 0 = 9

17

4 + 9 = 13	8 − 5 = 3	12 − 6 = 6	10 − 7 = 3	5 − 2 = 3	14 − 8 = 6	7 − 5 = 2	15 − 8 = 7	12 − 7 = 5
15 − 9 = 6	7 + 7 = 14	13 − 8 = 5	8 + 5 = 13	13 − 4 = 9	17 − 9 = 8	12 − 8 = 4	7 + 3 = 10	5 + 4 = 9
2 + 6 = 8	16 − 7 = 9	3 + 5 = 8	3 + 8 = 11	13 − 5 = 8	2 + 5 = 7	5 − 4 = 1	9 + 2 = 11	5 − 3 = 2
8 + 3 = 11	3 + 1 = 4	1 + 3 = 4	3 + 4 = 7	7 + 4 = 11	3 + 6 = 9	1 + 4 = 5	8 + 8 = 16	6 + 1 = 7
8 + 7 = 15	10 − 6 = 4	15 − 6 = 9	5 + 1 = 6	8 − 6 = 2	7 − 4 = 3	1 + 2 = 3	6 − 4 = 2	10 − 4 = 6
5 + 8 = 13	4 − 3 = 1	16 − 8 = 8	15 − 7 = 8	17 − 8 = 9	16 − 9 = 7	14 − 6 = 8	9 − 4 = 5	5 + 7 = 12
4 + 5 = 9	10 − 9 = 1	6 + 9 = 15	9 + 6 = 15	9 + 9 = 18	1 + 5 = 6	4 + 6 = 10	1 + 8 = 9	14 − 7 = 7
4 + 7 = 11	12 − 4 = 8	6 − 5 = 1	6 + 5 = 11	4 + 2 = 6	4 − 2 = 2	2 + 8 = 10	11 − 8 = 3	8 + 2 = 10

18

8 + 7 = 15	14 − 8 = 6	15 − 8 = 7	7 + 8 = 15	6 + 1 = 7	11 − 8 = 3	5 − 4 = 1	14 − 6 = 8	3 − 2 = 1
2 + 9 = 11	2 + 5 = 7	5 + 3 = 8	8 + 4 = 12	9 − 1 = 8	9 − 5 = 4	5 − 3 = 2	3 + 7 = 10	9 − 8 = 1
18 − 9 = 9	7 + 5 = 12	6 + 7 = 13	13 − 5 = 8	3 + 2 = 5	11 − 2 = 9	7 − 2 = 5	9 + 4 = 13	8 − 6 = 2
5 − 2 = 3	7 − 5 = 2	17 − 9 = 8	14 − 9 = 5	3 + 5 = 8	9 + 2 = 11	6 + 8 = 14	1 + 3 = 4	4 + 6 = 10
13 − 9 = 4	16 − 8 = 8	1 + 6 = 7	8 + 3 = 11	3 + 4 = 7	4 + 8 = 12	13 − 7 = 6	4 − 3 = 1	3 + 6 = 9
5 + 7 = 12	16 − 7 = 9	1 + 5 = 6	10 − 7 = 3	8 + 6 = 14	14 − 7 = 7	12 − 6 = 6	9 + 9 = 18	6 + 9 = 15
14 − 5 = 9	4 + 1 = 5	5 + 2 = 7	6 − 4 = 2	6 − 3 = 3	5 + 9 = 14	6 + 6 = 12	7 − 2 = 5	17 − 8 = 9
2 + 7 = 9	9 + 8 = 17	5 + 4 = 9	2 + 8 = 10	10 − 2 = 8	10 − 5 = 5	6 − 5 = 1	15 − 9 = 6	8 − 2 = 6

19

4 − 2 = 2	3 − 2 = 1	9 − 4 = 5	14 − 9 = 5	5 + 7 = 12	6 − 3 = 3	8 + 6 = 14	15 − 8 = 7	4 + 4 = 8
13 − 5 = 8	5 + 2 = 7	2 + 6 = 8	9 + 5 = 14	15 − 6 = 9	8 + 1 = 9	6 + 9 = 15	14 − 6 = 8	14 − 8 = 6
4 + 5 = 9	9 + 6 = 15	8 + 3 = 11	10 − 7 = 3	6 + 4 = 10	5 + 4 = 9	13 − 7 = 6	9 − 5 = 4	11 − 3 = 8
17 − 8 = 9	9 − 3 = 6	11 − 7 = 4	2 + 3 = 5	2 + 8 = 10	4 + 8 = 12	18 − 9 = 9	6 − 4 = 2	6 − 5 = 1
13 − 6 = 7	5 + 1 = 6	13 − 9 = 4	12 − 6 = 6	8 − 3 = 5	1 + 4 = 5	5 − 4 = 1	7 + 3 = 10	4 + 7 = 11
3 + 8 = 11	11 − 8 = 3	6 + 2 = 8	6 + 1 = 7	11 − 5 = 6	7 + 4 = 11	16 − 8 = 8	13 − 8 = 5	1 + 6 = 7
9 + 3 = 12	9 − 0 = 9	5 + 5 = 10	6 + 6 = 12	17 − 9 = 8	7 − 4 = 3	3 + 2 = 5	10 − 3 = 7	12 − 5 = 7
16 − 9 = 7	2 + 5 = 7	1 + 5 = 6	1 + 2 = 3	6 + 3 = 9	7 + 1 = 8	10 − 8 = 2	5 + 8 = 13	3 + 3 = 6

20

14 − 8 = 6	10 − 8 = 2	4 + 7 = 11	8 + 6 = 14	3 + 3 = 6	16 − 9 = 7	2 + 2 = 4	7 + 6 = 13	12 − 3 = 9
4 + 2 = 6	3 + 5 = 8	1 + 4 = 5	14 − 6 = 8	5 − 4 = 1	7 + 8 = 15	15 − 9 = 6	6 + 5 = 11	11 − 7 = 4
14 − 9 = 5	13 − 6 = 7	6 + 2 = 8	9 − 6 = 3	4 + 9 = 13	3 + 2 = 5	7 − 4 = 3	8 + 5 = 13	3 + 7 = 10
7 + 3 = 10	9 − 8 = 1	10 − 7 = 3	3 − 2 = 1	7 − 3 = 4	7 + 2 = 9	5 − 2 = 3	12 − 6 = 6	2 + 8 = 10
6 + 8 = 14	13 − 4 = 9	6 − 4 = 2	4 + 8 = 12	8 + 4 = 12	8 + 3 = 11	15 − 8 = 7	6 + 6 = 12	7 − 5 = 2
15 − 7 = 8	3 + 4 = 7	9 + 6 = 15	9 − 2 = 7	12 − 8 = 4	7 + 7 = 14	8 + 7 = 15	7 + 9 = 16	3 + 9 = 12
6 + 1 = 7	1 + 8 = 9	11 − 2 = 9	4 + 5 = 9	4 − 2 = 2	3 + 1 = 4	4 + 4 = 8	5 + 2 = 7	12 − 5 = 7
11 − 6 = 5	16 − 8 = 8	9 − 4 = 5	8 − 2 = 6	18 − 9 = 9	17 − 9 = 8	13 − 7 = 6	12 − 4 = 8	5 + 5 = 10

21

4 + 8 = 12	5 − 3 = 2	12 − 3 = 9	3 + 9 = 12	9 − 1 = 8	3 − 2 = 1	8 + 2 = 10	1 + 3 = 4	18 − 9 = 9
4 + 7 = 11	4 + 9 = 13	2 + 4 = 6	6 − 4 = 2	5 + 4 = 9	16 − 7 = 9	2 + 2 = 4	3 + 5 = 8	16 − 8 = 8
6 + 7 = 13	17 − 9 = 8	11 − 5 = 6	9 + 2 = 11	3 + 2 = 5	12 − 8 = 4	7 − 6 = 1	6 − 5 = 1	12 − 4 = 8
15 − 6 = 9	8 + 3 = 11	16 − 9 = 7	10 − 6 = 4	9 − 3 = 6	14 − 7 = 7	5 − 4 = 1	5 + 5 = 10	5 − 2 = 3
11 − 4 = 7	7 + 7 = 14	12 − 7 = 5	4 + 5 = 9	8 + 7 = 15	10 − 2 = 8	6 + 4 = 10	14 − 9 = 5	15 − 8 = 7
9 + 7 = 16	8 + 1 = 9	5 + 7 = 12	9 − 5 = 4	17 − 8 = 9	4 + 4 = 8	9 − 2 = 7	10 − 8 = 2	3 + 6 = 9
6 + 8 = 14	8 − 6 = 2	3 + 8 = 11	13 − 6 = 7	7 + 8 = 15	3 + 7 = 10	3 + 4 = 7	1 + 9 = 10	10 − 9 = 1
12 − 5 = 7	4 − 2 = 2	5 + 3 = 8	13 − 4 = 9	7 + 3 = 10	2 + 9 = 11	8 + 9 = 17	1 + 7 = 8	2 + 7 = 9

22

8 − 4 = 4	3 − 2 = 1	8 − 7 = 1	14 − 5 = 9	6 + 5 = 11	15 − 8 = 7	9 + 8 = 17	1 + 2 = 3	7 − 3 = 4
8 + 2 = 10	8 + 6 = 14	8 + 4 = 12	5 + 6 = 11	2 + 3 = 5	17 − 8 = 9	6 + 4 = 10	7 + 5 = 12	7 − 4 = 3
16 − 9 = 7	8 − 3 = 5	12 − 4 = 8	4 + 5 = 9	5 − 3 = 2	4 + 3 = 7	6 − 5 = 1	13 − 4 = 9	11 − 5 = 6
1 + 5 = 6	5 + 8 = 13	9 − 5 = 4	7 + 6 = 13	8 + 5 = 13	10 − 2 = 8	4 + 8 = 12	16 − 8 = 8	2 + 8 = 10
1 + 1 = 2	7 + 8 = 15	5 + 7 = 12	11 − 6 = 5	3 + 6 = 9	8 + 7 = 15	15 − 7 = 8	4 + 2 = 6	13 − 6 = 7
7 − 6 = 1	5 + 9 = 14	9 + 7 = 16	7 + 3 = 10	5 − 4 = 1	8 − 5 = 3	15 − 6 = 9	13 − 8 = 5	14 − 6 = 8
2 + 5 = 7	2 + 4 = 6	13 − 7 = 6	6 + 1 = 7	8 + 3 = 11	7 − 5 = 2	12 − 9 = 3	15 − 9 = 6	6 + 8 = 14
2 + 7 = 9	10 − 4 = 6	8 − 2 = 6	17 − 9 = 8	4 + 7 = 11	1 + 6 = 7	14 − 8 = 6	3 + 7 = 10	11 − 7 = 4

23

15 − 7 = 8	4 + 7 = 11	7 − 3 = 4	6 + 6 = 12	8 + 5 = 13	10 − 2 = 8	6 − 3 = 3	5 + 5 = 10	7 + 5 = 12
9 + 8 = 17	15 − 8 = 7	3 + 4 = 7	6 + 2 = 8	16 − 8 = 8	13 − 9 = 4	4 + 2 = 6	2 + 2 = 4	4 + 3 = 7
14 − 6 = 8	10 − 1 = 9	18 − 9 = 9	12 − 5 = 7	17 − 8 = 9	3 + 2 = 5	7 + 7 = 14	11 − 3 = 8	8 + 8 = 16
12 − 6 = 6	8 + 2 = 10	6 + 3 = 9	16 − 7 = 9	4 + 9 = 13	5 + 7 = 12	9 − 3 = 6	13 − 8 = 5	7 − 5 = 2
4 − 3 = 1	5 + 3 = 8	7 + 1 = 8	13 − 5 = 8	14 − 5 = 9	4 + 4 = 8	11 − 9 = 2	6 + 8 = 14	6 + 7 = 13
9 − 7 = 2	7 − 6 = 1	8 − 5 = 3	9 − 5 = 4	3 + 8 = 11	4 − 2 = 2	2 + 8 = 10	7 − 2 = 5	8 − 7 = 1
14 − 8 = 6	17 − 9 = 8	3 + 6 = 9	12 − 8 = 4	5 − 3 = 2	9 + 3 = 12	8 + 3 = 11	2 + 9 = 11	7 + 6 = 13
2 + 4 = 6	9 + 2 = 11	2 + 7 = 9	10 − 4 = 6	6 + 4 = 10	9 − 1 = 8	4 + 6 = 10	14 − 7 = 7	1 + 6 = 7

24

7 + 9 = 16	8 − 6 = 2	5 + 7 = 12	8 + 9 = 17	7 + 6 = 13	7 + 8 = 15	7 + 1 = 8	6 − 5 = 1	9 + 6 = 15
16 − 7 = 9	8 + 5 = 13	3 + 1 = 4	11 − 5 = 6	17 − 8 = 9	11 − 7 = 4	12 − 7 = 5	6 − 3 = 3	2 + 9 = 11
3 + 3 = 6	2 + 4 = 6	5 − 4 = 1	9 − 1 = 8	8 + 6 = 14	2 + 7 = 9	4 − 3 = 1	12 − 4 = 8	7 + 2 = 9
4 + 2 = 6	6 + 6 = 12	14 − 6 = 8	8 + 8 = 16	10 − 1 = 9	3 + 5 = 8	10 − 8 = 2	14 − 8 = 6	8 − 2 = 6
8 − 4 = 4	4 + 1 = 5	7 + 7 = 14	14 − 7 = 7	6 − 4 = 2	7 + 3 = 10	2 + 2 = 4	15 − 9 = 6	10 − 4 = 6
5 + 8 = 13	4 + 8 = 12	3 + 7 = 10	16 − 9 = 7	5 − 2 = 3	2 + 6 = 8	18 − 9 = 9	11 − 4 = 7	15 − 7 = 8
15 − 8 = 7	17 − 9 = 8	1 + 4 = 5	3 + 9 = 12	3 − 2 = 1	9 − 5 = 4	4 + 6 = 10	14 − 5 = 9	4 + 5 = 9
14 − 9 = 5	5 − 3 = 2	5 + 6 = 11	2 + 1 = 3	3 + 8 = 11	16 − 8 = 8	6 + 4 = 10	3 + 6 = 9	11 − 8 = 3

25

10 − 6 = 4	14 − 8 = 6	2 + 5 = 7	10 − 7 = 3	3 + 6 = 9	13 − 4 = 9	16 − 7 = 9	6 + 3 = 9	6 + 6 = 12
3 + 5 = 8	3 + 7 = 10	6 − 3 = 3	5 + 2 = 7	5 + 7 = 12	11 − 5 = 6	9 − 4 = 5	7 + 3 = 10	3 + 3 = 6
15 − 7 = 8	17 − 8 = 9	9 + 3 = 12	2 + 9 = 11	4 + 9 = 13	13 − 7 = 6	6 + 8 = 14	7 − 4 = 3	4 + 3 = 7
9 − 7 = 2	1 + 8 = 9	8 + 2 = 10	4 − 2 = 2	10 − 8 = 2	4 + 7 = 11	8 + 5 = 13	2 + 8 = 10	8 + 3 = 11
6 + 1 = 7	18 − 9 = 9	7 + 5 = 12	8 + 9 = 17	9 − 0 = 9	5 − 4 = 1	15 − 8 = 7	8 − 5 = 3	14 − 7 = 7
16 − 9 = 7	4 + 6 = 10	8 − 4 = 4	6 + 4 = 10	1 + 4 = 5	4 − 3 = 1	3 + 8 = 11	15 − 6 = 9	2 + 6 = 8
7 + 6 = 13	12 − 9 = 3	4 + 5 = 9	2 + 2 = 4	7 + 2 = 9	6 − 4 = 2	15 − 9 = 6	17 − 9 = 8	3 − 2 = 1
6 + 5 = 11	8 − 3 = 5	12 − 6 = 6	11 − 9 = 2	2 + 7 = 9	10 − 2 = 8	4 + 2 = 6	14 − 9 = 5	5 − 3 = 2

26

8 + 4 = 12	1 + 6 = 7	3 + 6 = 9	8 − 4 = 4	5 + 6 = 11	4 + 5 = 9	12 − 8 = 4	6 − 2 = 4	8 − 7 = 1
17 − 8 = 9	2 + 2 = 4	12 − 3 = 9	5 − 4 = 1	11 − 2 = 9	14 − 8 = 6	14 − 6 = 8	2 + 5 = 7	15 − 8 = 7
17 − 9 = 8	1 + 1 = 2	5 + 5 = 10	1 + 4 = 5	7 − 3 = 4	7 + 3 = 10	10 − 7 = 3	2 + 7 = 9	6 + 8 = 14
9 − 5 = 4	3 − 2 = 1	8 + 6 = 14	9 + 1 = 10	9 + 8 = 17	1 + 8 = 9	14 − 7 = 7	10 − 6 = 4	11 − 4 = 7
2 + 6 = 8	14 − 5 = 9	10 − 3 = 7	5 + 9 = 14	13 − 5 = 8	5 + 7 = 12	8 − 6 = 2	3 + 7 = 10	5 + 4 = 9
8 + 9 = 17	10 − 8 = 2	13 − 8 = 5	8 + 3 = 11	5 + 8 = 13	4 + 4 = 8	5 + 3 = 8	6 + 4 = 10	5 + 2 = 7
4 + 6 = 10	15 − 9 = 6	13 − 7 = 6	13 − 4 = 9	8 − 3 = 5	8 + 7 = 15	18 − 9 = 9	5 − 2 = 3	12 − 6 = 6
7 + 2 = 9	3 + 4 = 7	2 + 9 = 11	10 − 4 = 6	4 + 3 = 7	3 + 2 = 5	11 − 8 = 3	9 − 8 = 1	9 − 1 = 8

27

3 + 4 = 7	5 − 4 = 1	11 − 6 = 5	8 + 2 = 10	5 + 3 = 8	7 + 2 = 9	4 + 4 = 8	5 − 3 = 2	14 − 7 = 7
2 + 3 = 5	16 − 7 = 9	3 + 2 = 5	7 + 3 = 10	8 − 3 = 5	9 − 2 = 7	10 − 1 = 9	3 + 7 = 10	4 + 8 = 12
17 − 8 = 9	7 + 6 = 13	3 + 8 = 11	2 + 6 = 8	4 + 9 = 13	14 − 5 = 9	5 + 5 = 10	13 − 7 = 6	6 − 3 = 3
6 + 8 = 14	15 − 7 = 8	6 + 3 = 9	5 + 9 = 14	7 − 3 = 4	13 − 9 = 4	2 + 5 = 7	14 − 8 = 6	2 + 2 = 4
3 + 6 = 9	16 − 8 = 8	12 − 5 = 7	11 − 4 = 7	8 − 4 = 4	1 + 8 = 9	5 + 6 = 11	9 + 8 = 17	3 − 2 = 1
6 − 5 = 1	17 − 9 = 8	9 + 9 = 18	5 − 2 = 3	12 − 4 = 8	10 − 5 = 5	10 − 6 = 4	8 + 4 = 12	8 + 6 = 14
12 − 8 = 4	7 − 4 = 3	10 − 7 = 3	12 − 7 = 5	5 + 7 = 12	15 − 9 = 6	6 + 1 = 7	9 + 2 = 11	7 + 1 = 8
12 − 6 = 6	5 + 1 = 6	6 + 7 = 13	2 + 8 = 10	4 − 3 = 1	11 − 9 = 2	10 − 8 = 2	8 + 1 = 9	7 + 7 = 14

28

14 − 7 = 7	4 + 3 = 7	3 + 2 = 5	1 + 8 = 9	7 − 2 = 5	7 + 2 = 9	3 + 8 = 11	5 + 6 = 11	16 − 8 = 8
17 − 8 = 9	5 − 3 = 2	8 + 3 = 11	1 + 6 = 7	5 + 8 = 13	17 − 9 = 8	11 − 6 = 5	16 − 7 = 9	7 + 8 = 15
4 − 3 = 1	2 + 5 = 7	13 − 8 = 5	3 + 4 = 7	9 + 7 = 16	6 + 3 = 9	7 + 9 = 16	5 + 3 = 8	4 + 8 = 12
2 + 2 = 4	8 − 2 = 6	1 + 3 = 4	6 − 5 = 1	13 − 5 = 8	4 + 6 = 10	4 + 5 = 9	2 + 7 = 9	4 − 2 = 2
8 + 6 = 14	7 − 5 = 2	8 + 1 = 9	8 + 2 = 10	3 + 3 = 6	5 − 2 = 3	8 − 5 = 3	14 − 6 = 8	9 + 8 = 17
7 + 7 = 14	18 − 9 = 9	6 + 6 = 12	9 − 3 = 6	15 − 9 = 6	14 − 9 = 5	7 + 1 = 8	11 − 3 = 8	6 + 4 = 10
9 − 8 = 1	9 − 2 = 7	16 − 9 = 7	9 + 2 = 11	7 + 4 = 11	3 − 2 = 1	11 − 7 = 4	7 − 4 = 3	6 + 1 = 7
2 + 6 = 8	9 − 1 = 8	15 − 6 = 9	10 − 9 = 1	6 − 4 = 2	14 − 5 = 9	8 + 5 = 13	7 − 6 = 1	5 − 4 = 1

29

8 + 8 = 16	9 + 3 = 12	6 − 5 = 1	3 + 7 = 10	5 + 7 = 12	7 − 3 = 4	14 − 9 = 5	12 − 4 = 8	1 + 2 = 3
17 − 9 = 8	13 − 4 = 9	8 − 6 = 2	9 − 3 = 6	12 − 6 = 6	8 + 4 = 12	6 + 5 = 11	5 + 8 = 13	3 + 2 = 5
3 + 8 = 11	4 + 6 = 10	4 + 2 = 6	17 − 8 = 9	6 − 3 = 3	18 − 9 = 9	14 − 8 = 6	1 + 7 = 8	12 − 8 = 4
7 + 7 = 14	9 + 7 = 16	5 + 5 = 10	13 − 8 = 5	3 − 2 = 1	2 + 5 = 7	8 + 2 = 10	6 + 1 = 7	14 − 7 = 7
8 − 4 = 4	4 + 3 = 7	15 − 7 = 8	3 + 5 = 8	11 − 4 = 7	6 + 9 = 15	7 − 6 = 1	5 − 4 = 1	16 − 9 = 7
4 + 8 = 12	12 − 3 = 9	3 + 6 = 9	7 − 5 = 2	2 + 9 = 11	5 + 4 = 9	12 − 7 = 5	7 + 2 = 9	16 − 8 = 8
7 + 6 = 13	9 + 4 = 13	13 − 6 = 7	3 + 4 = 7	15 − 8 = 7	6 + 4 = 10	11 − 5 = 6	8 − 7 = 1	7 + 1 = 8
10 − 3 = 7	6 + 8 = 14	5 + 2 = 7	5 + 1 = 6	9 − 6 = 3	4 + 5 = 9	6 − 4 = 2	9 − 4 = 5	9 − 7 = 2

30

9 + 5 = 14	5 + 6 = 11	1 + 4 = 5	15 − 8 = 7	17 − 8 = 9	15 − 7 = 8	7 − 6 = 1	12 − 6 = 6	13 − 7 = 6
5 + 5 = 10	3 + 5 = 8	4 + 6 = 10	7 + 7 = 14	3 + 3 = 6	9 + 6 = 15	4 − 3 = 1	6 + 7 = 13	16 − 8 = 8
4 + 9 = 13	2 + 2 = 4	5 − 3 = 2	10 − 7 = 3	7 − 5 = 2	5 + 3 = 8	9 + 3 = 12	10 − 6 = 4	17 − 9 = 8
15 − 9 = 6	12 − 5 = 7	9 − 6 = 3	6 + 8 = 14	18 − 9 = 9	9 − 1 = 8	7 + 3 = 10	14 − 9 = 5	6 + 6 = 12
14 − 6 = 8	11 − 5 = 6	4 + 3 = 7	6 + 5 = 11	3 + 6 = 9	13 − 5 = 8	16 − 9 = 7	3 + 8 = 11	9 + 7 = 16
8 − 6 = 2	6 − 4 = 2	6 + 9 = 15	5 + 2 = 7	8 + 8 = 16	3 + 1 = 4	7 + 9 = 16	9 − 4 = 5	6 − 3 = 3
3 − 2 = 1	9 − 8 = 1	2 + 7 = 9	11 − 7 = 4	2 + 5 = 7	1 + 1 = 2	1 + 8 = 9	9 − 7 = 2	7 + 8 = 15
13 − 4 = 9	8 − 3 = 5	8 − 5 = 3	7 − 3 = 4	8 + 7 = 15	4 + 7 = 11	16 − 7 = 9	4 + 2 = 6	1 + 7 = 8

31

13 − 5 = 8	11 − 9 = 2	4 + 8 = 12	4 + 4 = 8	9 + 3 = 12	6 − 5 = 1	5 + 1 = 6	5 + 4 = 9	10 − 8 = 2
6 + 3 = 9	16 − 8 = 8	17 − 9 = 8	8 + 7 = 15	10 − 6 = 4	3 + 1 = 4	5 + 6 = 11	12 − 5 = 7	3 + 3 = 6
13 − 7 = 6	2 + 8 = 10	14 − 8 = 6	4 + 1 = 5	3 + 5 = 8	17 − 8 = 9	8 + 2 = 10	5 − 4 = 1	9 + 9 = 18
3 + 6 = 9	18 − 9 = 9	2 + 5 = 7	9 − 5 = 4	2 + 1 = 3	8 − 6 = 2	7 + 9 = 16	4 + 3 = 7	8 + 3 = 11
4 − 3 = 1	2 + 9 = 11	4 + 2 = 6	15 − 8 = 7	11 − 4 = 7	15 − 6 = 9	9 + 2 = 11	6 + 2 = 8	13 − 9 = 4
9 − 6 = 3	14 − 6 = 8	7 + 5 = 12	9 + 8 = 17	5 − 2 = 3	7 + 8 = 15	4 + 5 = 9	9 − 7 = 2	4 + 6 = 10
13 − 6 = 7	11 − 3 = 8	8 + 9 = 17	5 + 3 = 8	8 − 2 = 6	2 + 3 = 5	7 − 4 = 3	3 + 7 = 10	3 − 2 = 1
4 − 2 = 2	10 − 3 = 7	3 + 8 = 11	5 − 3 = 2	11 − 5 = 6	12 − 7 = 5	12 − 4 = 8	5 + 7 = 12	10 − 1 = 9

32

2 + 5 = 7	8 + 4 = 12	4 + 3 = 7	6 + 4 = 10	4 + 6 = 10	8 − 2 = 6	8 + 6 = 14	13 − 9 = 4	7 − 4 = 3
16 − 9 = 7	2 + 4 = 6	9 − 8 = 1	8 − 4 = 4	2 + 8 = 10	7 + 2 = 9	10 − 9 = 1	12 − 7 = 5	10 − 1 = 9
7 + 4 = 11	4 + 5 = 9	4 − 2 = 2	6 + 3 = 9	7 + 7 = 14	4 + 7 = 11	9 − 4 = 5	5 − 4 = 1	15 − 6 = 9
6 − 3 = 3	8 − 6 = 2	7 + 6 = 13	12 − 3 = 9	18 − 9 = 9	11 − 4 = 7	2 + 6 = 8	11 − 2 = 9	2 + 2 = 4
13 − 7 = 6	9 + 5 = 14	14 − 5 = 9	5 + 9 = 14	3 − 2 = 1	5 + 6 = 11	5 + 4 = 9	3 + 3 = 6	12 − 4 = 8
1 + 3 = 4	6 + 6 = 12	9 + 4 = 13	10 − 8 = 2	8 − 5 = 3	3 + 5 = 8	4 + 8 = 12	5 + 8 = 13	5 − 3 = 2
7 + 3 = 10	9 − 1 = 8	8 + 3 = 11	14 − 8 = 6	14 − 6 = 8	3 + 9 = 12	3 + 4 = 7	7 + 9 = 16	16 − 8 = 8
11 − 5 = 6	6 − 5 = 1	9 − 7 = 2	14 − 9 = 5	8 + 1 = 9	12 − 8 = 4	3 + 7 = 10	11 − 9 = 2	5 + 3 = 8

33

9 − 8 = 1	8 − 4 = 4	2 + 5 = 7	14 − 8 = 6	5 − 4 = 1	2 + 9 = 11	2 + 1 = 3	4 − 2 = 2	13 − 7 = 6
1 + 6 = 7	3 + 6 = 9	9 − 0 = 9	16 − 7 = 9	4 + 2 = 6	15 − 6 = 9	7 + 4 = 11	2 + 6 = 8	5 − 3 = 2
14 − 7 = 7	14 − 6 = 8	9 − 1 = 8	3 + 4 = 7	4 + 1 = 5	8 + 2 = 10	18 − 9 = 9	9 + 6 = 15	12 − 7 = 5
10 − 3 = 7	11 − 7 = 4	17 − 8 = 9	8 + 8 = 16	14 − 5 = 9	12 − 8 = 4	6 + 8 = 14	1 + 7 = 8	3 − 2 = 1
1 + 2 = 3	9 + 4 = 13	7 + 9 = 16	1 + 3 = 4	11 − 6 = 5	7 + 5 = 12	8 + 7 = 15	11 − 4 = 7	2 + 7 = 9
4 − 3 = 1	13 − 4 = 9	9 − 5 = 4	5 + 4 = 9	10 − 2 = 8	4 + 4 = 8	3 + 2 = 5	6 + 1 = 7	6 − 5 = 1
1 + 5 = 6	15 − 8 = 7	3 + 3 = 6	1 + 4 = 5	9 − 4 = 5	12 − 6 = 6	10 − 7 = 3	5 + 6 = 11	13 − 9 = 4
8 + 3 = 11	5 + 3 = 8	8 − 5 = 3	5 + 2 = 7	7 + 1 = 8	7 − 3 = 4	7 + 8 = 15	4 + 6 = 10	16 − 9 = 7

34

6 + 1 = 7	15 − 8 = 7	4 − 3 = 1	14 − 5 = 9	5 + 3 = 8	1 + 6 = 7	5 + 2 = 7	13 − 8 = 5	16 − 8 = 8
2 + 8 = 10	6 − 5 = 1	14 − 8 = 6	8 + 8 = 16	6 + 4 = 10	9 − 6 = 3	8 + 9 = 17	17 − 8 = 9	2 + 4 = 6
2 + 5 = 7	4 + 1 = 5	4 + 6 = 10	4 + 5 = 9	6 − 3 = 3	4 + 2 = 6	4 + 3 = 7	10 − 7 = 3	9 + 8 = 17
7 + 9 = 16	16 − 7 = 9	8 + 7 = 15	15 − 9 = 6	7 − 5 = 2	9 − 5 = 4	10 − 6 = 4	2 + 6 = 8	15 − 7 = 8
7 + 2 = 9	9 − 1 = 8	5 − 3 = 2	8 − 6 = 2	5 + 7 = 12	9 − 4 = 5	10 − 8 = 2	12 − 8 = 4	9 + 2 = 11
3 + 3 = 6	3 + 9 = 12	10 − 5 = 5	7 − 6 = 1	1 + 3 = 4	10 − 3 = 7	5 + 4 = 9	5 − 2 = 3	14 − 9 = 5
5 + 9 = 14	16 − 9 = 7	8 − 5 = 3	3 + 2 = 5	14 − 7 = 7	4 + 8 = 12	9 + 5 = 14	18 − 9 = 9	4 − 2 = 2
1 + 8 = 9	2 + 3 = 5	12 − 5 = 7	9 + 6 = 15	6 + 5 = 11	14 − 6 = 8	6 + 6 = 12	12 − 4 = 8	7 + 8 = 15

35

9 + 2 = 11	2 + 4 = 6	13 − 7 = 6	8 + 3 = 11	2 + 6 = 8	1 + 5 = 6	11 − 2 = 9	8 − 6 = 2	2 + 8 = 10
15 − 7 = 8	11 − 3 = 8	6 + 4 = 10	13 − 4 = 9	14 − 9 = 5	16 − 9 = 7	4 + 1 = 5	8 + 6 = 14	5 − 3 = 2
1 + 6 = 7	6 + 7 = 13	10 − 5 = 5	18 − 9 = 9	8 + 5 = 13	6 + 2 = 8	4 + 7 = 11	15 − 9 = 6	5 + 8 = 13
4 − 3 = 1	9 − 7 = 2	17 − 9 = 8	5 + 4 = 9	1 + 9 = 10	4 + 8 = 12	6 − 3 = 3	1 + 4 = 5	3 − 2 = 1
3 + 7 = 10	3 + 6 = 9	4 − 2 = 2	12 − 9 = 3	3 + 4 = 7	14 − 6 = 8	4 + 6 = 10	8 − 5 = 3	5 − 4 = 1
6 + 8 = 14	12 − 5 = 7	5 + 2 = 7	8 + 7 = 15	6 − 4 = 2	7 + 4 = 11	13 − 5 = 8	5 − 2 = 3	4 + 3 = 7
15 − 6 = 9	12 − 6 = 6	6 + 9 = 15	14 − 8 = 6	3 + 3 = 6	9 + 3 = 12	16 − 8 = 8	15 − 8 = 7	14 − 7 = 7
9 + 7 = 16	9 + 4 = 13	7 − 6 = 1	10 − 9 = 1	5 + 5 = 10	3 + 9 = 12	9 + 6 = 15	12 − 3 = 9	9 − 3 = 6

36

8 + 3 = 11	8 + 7 = 15	18 − 9 = 9	13 − 7 = 6	15 − 8 = 7	6 + 7 = 13	5 + 3 = 8	3 + 2 = 5	12 − 6 = 6
6 + 3 = 9	16 − 9 = 7	2 + 6 = 8	1 + 1 = 2	7 − 4 = 3	9 − 8 = 1	7 + 8 = 15	6 − 2 = 4	11 − 5 = 6
16 − 8 = 8	4 + 5 = 9	7 + 3 = 10	15 − 7 = 8	2 + 8 = 10	5 + 2 = 7	1 + 7 = 8	15 − 9 = 6	7 + 7 = 14
9 + 3 = 12	3 + 5 = 8	2 + 1 = 3	4 + 3 = 7	10 − 5 = 5	13 − 6 = 7	7 + 6 = 13	6 + 4 = 10	5 − 4 = 1
14 − 5 = 9	3 − 2 = 1	11 − 3 = 8	9 + 4 = 13	5 + 7 = 12	16 − 7 = 9	13 − 9 = 4	17 − 9 = 8	6 + 8 = 14
3 + 4 = 7	4 + 8 = 12	13 − 5 = 8	3 + 9 = 12	12 − 4 = 8	14 − 7 = 7	4 + 2 = 6	14 − 8 = 6	3 + 7 = 10
11 − 9 = 2	11 − 2 = 9	6 + 6 = 12	8 + 5 = 13	13 − 4 = 9	4 − 3 = 1	4 − 2 = 2	4 + 7 = 11	8 + 8 = 16
14 − 9 = 5	6 − 4 = 2	5 + 4 = 9	1 + 9 = 10	9 − 4 = 5	9 − 2 = 7	10 − 4 = 6	3 + 8 = 11	12 − 7 = 5

37

7 + 8 = 15	16 − 9 = 7	17 − 8 = 9	7 − 4 = 3	4 + 8 = 12	12 − 3 = 9	5 − 4 = 1	9 + 4 = 13	6 + 2 = 8
11 − 5 = 6	3 − 2 = 1	6 + 8 = 14	14 − 5 = 9	9 − 3 = 6	5 + 9 = 14	1 + 6 = 7	2 + 9 = 11	5 − 2 = 3
18 − 9 = 9	9 − 0 = 9	5 + 3 = 8	2 + 4 = 6	7 + 2 = 9	14 − 7 = 7	7 − 3 = 4	2 + 6 = 8	8 − 5 = 3
1 + 1 = 2	6 + 7 = 13	15 − 8 = 7	12 − 7 = 5	3 + 1 = 4	9 + 5 = 14	2 + 7 = 9	17 − 9 = 8	2 + 2 = 4
7 + 7 = 14	6 + 4 = 10	10 − 6 = 4	3 + 5 = 8	4 + 1 = 5	7 + 1 = 8	9 − 8 = 1	6 + 3 = 9	13 − 8 = 5
7 + 6 = 13	7 + 9 = 16	4 − 2 = 2	16 − 8 = 8	5 + 6 = 11	1 + 5 = 6	11 − 3 = 8	12 − 5 = 7	9 − 1 = 8
4 + 6 = 10	7 + 3 = 10	2 + 3 = 5	8 − 7 = 1	16 − 7 = 9	4 + 7 = 11	4 − 3 = 1	15 − 9 = 6	9 + 3 = 12
11 − 6 = 5	14 − 6 = 8	6 − 2 = 4	12 − 6 = 6	12 − 9 = 3	1 + 2 = 3	5 + 8 = 13	3 + 9 = 12	10 − 2 = 8

38

8 − 3 = 5	9 − 1 = 8	13 − 7 = 6	7 + 4 = 11	8 + 4 = 12	4 + 2 = 6	5 − 2 = 3	14 − 8 = 6	5 + 6 = 11
7 + 2 = 9	6 + 6 = 12	8 + 6 = 14	10 − 5 = 5	8 − 6 = 2	3 + 3 = 6	8 − 2 = 6	14 − 7 = 7	11 − 8 = 3
5 + 4 = 9	4 + 3 = 7	5 − 3 = 2	6 + 9 = 15	5 − 4 = 1	9 − 5 = 4	12 − 3 = 9	7 + 6 = 13	4 − 2 = 2
6 + 3 = 9	5 + 3 = 8	6 + 5 = 11	6 − 5 = 1	3 + 7 = 10	16 − 8 = 8	1 + 8 = 9	15 − 9 = 6	8 + 7 = 15
4 + 7 = 11	7 − 3 = 4	7 − 6 = 1	11 − 2 = 9	15 − 8 = 7	11 − 6 = 5	3 + 2 = 5	11 − 3 = 8	4 + 4 = 8
7 + 8 = 15	6 + 7 = 13	7 − 4 = 3	17 − 8 = 9	7 + 3 = 10	3 + 5 = 8	14 − 5 = 9	8 + 1 = 9	3 + 6 = 9
2 + 1 = 3	2 + 5 = 7	12 − 6 = 6	2 + 8 = 10	18 − 9 = 9	3 + 1 = 4	10 − 9 = 1	5 + 5 = 10	14 − 6 = 8
9 − 2 = 7	6 − 3 = 3	5 + 8 = 13	4 − 3 = 1	7 + 9 = 16	8 + 3 = 11	17 − 9 = 8	8 − 7 = 1	6 + 8 = 14

39

5 + 7 = 12	3 − 2 = 1	8 + 2 = 10	17 − 9 = 8	10 − 7 = 3	4 − 3 = 1	2 + 2 = 4	16 − 7 = 9	14 − 8 = 6
10 − 4 = 6	7 + 4 = 11	1 + 7 = 8	6 − 3 = 3	7 + 9 = 16	8 + 9 = 17	6 + 2 = 8	1 + 6 = 7	3 + 9 = 12
6 − 4 = 2	7 + 1 = 8	11 − 8 = 3	5 + 1 = 6	12 − 3 = 9	2 + 6 = 8	9 + 9 = 18	6 + 9 = 15	13 − 5 = 8
2 + 9 = 11	11 − 2 = 9	6 − 5 = 1	4 + 5 = 9	9 + 1 = 10	7 − 4 = 3	17 − 8 = 9	10 − 9 = 1	13 − 8 = 5
18 − 9 = 9	2 + 5 = 7	5 + 5 = 10	3 + 7 = 10	7 + 5 = 12	4 + 7 = 11	8 − 7 = 1	11 − 3 = 8	13 − 6 = 7
5 − 4 = 1	12 − 6 = 6	8 + 4 = 12	8 − 6 = 2	6 − 2 = 4	8 + 7 = 15	7 − 6 = 1	15 − 7 = 8	6 + 1 = 7
5 + 2 = 7	4 + 8 = 12	8 + 6 = 14	10 − 6 = 4	6 + 3 = 9	8 + 3 = 11	3 + 5 = 8	14 − 6 = 8	16 − 9 = 7
9 + 5 = 14	15 − 9 = 6	2 + 3 = 5	15 − 8 = 7	3 + 6 = 9	11 − 5 = 6	9 − 8 = 1	9 − 6 = 3	7 + 8 = 15

40

18 − 9 = 9	7 + 5 = 12	4 − 2 = 2	2 + 3 = 5	6 + 4 = 10	8 + 8 = 16	2 + 6 = 8	13 − 6 = 7	3 + 8 = 11
2 + 5 = 7	6 + 8 = 14	3 + 1 = 4	8 + 9 = 17	5 − 4 = 1	4 + 3 = 7	7 + 9 = 16	11 − 2 = 9	5 + 2 = 7
16 − 8 = 8	3 + 7 = 10	2 + 1 = 3	11 − 5 = 6	5 + 8 = 13	15 − 8 = 7	2 + 9 = 11	8 − 3 = 5	5 + 6 = 11
8 + 1 = 9	6 − 3 = 3	5 + 3 = 8	10 − 2 = 8	8 + 5 = 13	11 − 7 = 4	7 − 4 = 3	9 − 1 = 8	12 − 8 = 4
6 − 5 = 1	13 − 8 = 5	6 + 3 = 9	12 − 7 = 5	4 − 3 = 1	8 + 4 = 12	17 − 9 = 8	3 − 2 = 1	10 − 1 = 9
15 − 7 = 8	16 − 7 = 9	11 − 6 = 5	4 + 1 = 5	4 + 4 = 8	15 − 9 = 6	6 − 4 = 2	10 − 5 = 5	7 + 2 = 9
2 + 7 = 9	7 + 4 = 11	6 − 2 = 4	17 − 8 = 9	4 + 5 = 9	9 − 6 = 3	9 + 7 = 16	3 + 4 = 7	11 − 9 = 2
4 + 7 = 11	8 + 6 = 14	10 − 3 = 7	5 − 3 = 2	12 − 5 = 7	8 + 7 = 15	7 − 6 = 1	3 + 9 = 12	1 + 2 = 3

41

8 − 5 = 3	15 − 7 = 8	6 + 8 = 14	8 + 2 = 10	4 − 3 = 1	11 − 4 = 7	9 + 2 = 11	13 − 5 = 8	16 − 8 = 8
3 + 1 = 4	2 + 2 = 4	8 − 4 = 4	15 − 6 = 9	12 − 6 = 6	4 + 6 = 10	9 + 7 = 16	7 + 5 = 12	12 − 5 = 7
3 + 9 = 12	7 + 6 = 13	5 + 7 = 12	17 − 9 = 8	14 − 6 = 8	8 − 3 = 5	3 + 3 = 6	5 + 4 = 9	7 − 4 = 3
8 + 5 = 13	2 + 5 = 7	10 − 2 = 8	8 + 6 = 14	2 + 4 = 6	9 + 8 = 17	7 − 5 = 2	10 − 5 = 5	6 − 2 = 4
8 − 7 = 1	2 + 7 = 9	8 + 3 = 11	6 + 9 = 15	5 + 6 = 11	7 + 8 = 15	11 − 9 = 2	6 + 6 = 12	2 + 6 = 8
3 + 2 = 5	13 − 6 = 7	11 − 5 = 6	8 + 7 = 15	7 + 4 = 11	7 + 3 = 10	5 + 5 = 10	9 − 5 = 4	8 − 6 = 2
8 + 1 = 9	10 − 7 = 3	12 − 7 = 5	7 + 2 = 9	14 − 7 = 7	17 − 8 = 9	18 − 9 = 9	7 + 1 = 8	9 + 3 = 12
12 − 4 = 8	14 − 8 = 6	13 − 4 = 9	7 − 6 = 1	16 − 7 = 9	8 + 9 = 17	13 − 8 = 5	5 − 4 = 1	3 + 5 = 8

42

4 + 8 = 12	3 + 6 = 9	2 + 5 = 7	8 − 7 = 1	13 − 6 = 7	8 + 6 = 14	4 + 3 = 7	7 − 5 = 2	4 + 5 = 9
10 − 8 = 2	4 − 3 = 1	5 − 3 = 2	6 + 3 = 9	2 + 4 = 6	16 − 8 = 8	5 + 5 = 10	13 − 9 = 4	7 + 7 = 14
12 − 8 = 4	12 − 5 = 7	7 − 4 = 3	6 + 8 = 14	9 − 3 = 6	6 − 5 = 1	1 + 5 = 6	7 + 2 = 9	9 + 3 = 12
4 + 7 = 11	12 − 7 = 5	3 − 2 = 1	13 − 8 = 5	6 + 6 = 12	10 − 5 = 5	17 − 9 = 8	14 − 5 = 9	6 + 2 = 8
7 + 8 = 15	5 + 2 = 7	7 + 3 = 10	2 + 2 = 4	2 + 1 = 3	8 + 3 = 11	8 + 4 = 12	10 − 6 = 4	3 + 4 = 7
8 − 5 = 3	10 − 1 = 9	12 − 4 = 8	16 − 9 = 7	5 + 6 = 11	5 + 4 = 9	8 + 9 = 17	11 − 6 = 5	18 − 9 = 9
6 + 5 = 11	6 − 3 = 3	8 − 3 = 5	1 + 6 = 7	12 − 9 = 3	3 + 8 = 11	8 + 1 = 9	8 − 4 = 4	6 + 7 = 13
5 + 1 = 6	11 − 2 = 9	10 − 7 = 3	6 − 4 = 2	7 − 6 = 1	2 + 6 = 8	13 − 7 = 6	4 + 2 = 6	6 − 2 = 4

43

9 + 2 = 11	2 + 3 = 5	13 − 5 = 8	11 − 8 = 3	8 + 8 = 16	6 − 5 = 1	12 − 5 = 7	3 + 3 = 6	15 − 9 = 6
16 − 7 = 9	2 + 1 = 3	4 + 2 = 6	2 + 8 = 10	5 + 1 = 6	3 + 1 = 4	18 − 9 = 9	7 − 3 = 4	3 + 9 = 12
4 − 3 = 1	4 + 3 = 7	1 + 3 = 4	7 + 5 = 12	2 + 6 = 8	4 + 7 = 11	6 − 2 = 4	17 − 9 = 8	6 + 3 = 9
12 − 6 = 6	15 − 7 = 8	6 + 8 = 14	16 − 9 = 7	7 − 4 = 3	13 − 4 = 9	7 + 7 = 14	17 − 8 = 9	6 + 4 = 10
7 + 6 = 13	14 − 8 = 6	12 − 3 = 9	13 − 8 = 5	9 + 6 = 15	6 − 4 = 2	13 − 9 = 4	3 + 2 = 5	5 + 4 = 9
10 − 1 = 9	3 + 5 = 8	15 − 6 = 9	11 − 6 = 5	5 − 3 = 2	6 + 7 = 13	7 − 6 = 1	8 + 1 = 9	3 + 6 = 9
2 + 7 = 9	2 + 9 = 11	9 + 7 = 16	7 + 4 = 11	6 − 3 = 3	13 − 7 = 6	4 + 4 = 8	12 − 9 = 3	8 − 7 = 1
5 + 7 = 12	2 + 5 = 7	9 − 6 = 3	10 − 2 = 8	9 + 5 = 14	8 − 5 = 3	7 − 2 = 5	4 + 6 = 10	7 − 5 = 2

44

11 − 8 = 3	4 + 5 = 9	8 + 4 = 12	12 − 5 = 7	6 + 4 = 10	15 − 8 = 7	4 + 1 = 5	6 − 4 = 2	18 − 9 = 9
3 − 2 = 1	8 + 6 = 14	5 − 4 = 1	7 + 9 = 16	3 + 8 = 11	14 − 6 = 8	13 − 5 = 8	9 + 8 = 17	13 − 7 = 6
3 + 7 = 10	3 + 4 = 7	9 + 7 = 16	4 − 3 = 1	3 + 6 = 9	9 + 5 = 14	4 + 8 = 12	2 + 2 = 4	5 + 6 = 11
17 − 8 = 9	14 − 7 = 7	10 − 4 = 6	16 − 7 = 9	7 + 5 = 12	7 − 6 = 1	17 − 9 = 8	8 − 7 = 1	1 + 2 = 3
5 − 2 = 3	2 + 3 = 5	12 − 3 = 9	12 − 7 = 5	11 − 9 = 2	1 + 3 = 4	7 + 6 = 13	8 − 5 = 3	13 − 4 = 9
10 − 5 = 5	4 + 6 = 10	6 + 6 = 12	3 + 5 = 8	1 + 4 = 5	8 + 3 = 11	7 − 2 = 5	12 − 8 = 4	6 + 2 = 8
7 + 8 = 15	4 + 7 = 11	7 + 3 = 10	9 − 5 = 4	6 − 2 = 4	3 + 2 = 5	11 − 4 = 7	6 + 1 = 7	16 − 9 = 7
2 + 7 = 9	4 − 2 = 2	5 + 2 = 7	16 − 8 = 8	6 − 3 = 3	8 + 2 = 10	10 − 6 = 4	3 + 9 = 12	12 − 6 = 6

45

4 − 3 = 1	7 + 7 = 14	2 + 2 = 4	18 − 9 = 9	10 − 8 = 2	6 − 3 = 3	3 − 2 = 1	5 + 6 = 11	8 + 3 = 11
1 + 1 = 2	10 − 3 = 7	4 + 7 = 11	4 − 2 = 2	8 + 2 = 10	14 − 7 = 7	7 + 9 = 16	17 − 9 = 8	4 + 3 = 7
7 − 6 = 1	2 + 6 = 8	16 − 8 = 8	6 + 2 = 8	2 + 3 = 5	6 + 3 = 9	12 − 7 = 5	11 − 3 = 8	17 − 8 = 9
6 + 5 = 11	3 + 5 = 8	13 − 6 = 7	2 + 4 = 6	12 − 3 = 9	5 + 3 = 8	11 − 7 = 4	15 − 8 = 7	10 − 2 = 8
5 + 1 = 6	7 − 4 = 3	7 + 8 = 15	1 + 2 = 3	10 − 5 = 5	7 + 3 = 10	4 + 6 = 10	3 + 2 = 5	2 + 1 = 3
1 + 5 = 6	2 + 5 = 7	9 + 6 = 15	7 − 3 = 4	7 + 5 = 12	5 + 4 = 9	13 − 8 = 5	2 + 7 = 9	5 − 4 = 1
9 − 1 = 8	2 + 9 = 11	11 − 6 = 5	9 + 2 = 11	3 + 8 = 11	6 + 7 = 13	14 − 8 = 6	11 − 4 = 7	8 − 6 = 2
12 − 9 = 3	12 − 4 = 8	10 − 9 = 1	9 − 0 = 9	1 + 6 = 7	6 − 5 = 1	8 − 4 = 4	9 − 4 = 5	6 + 6 = 12

46

15 − 9 = 6	16 − 7 = 9	2 + 5 = 7	4 + 9 = 13	11 − 4 = 7	6 + 8 = 14	4 − 2 = 2	12 − 5 = 7	4 + 8 = 12
5 − 3 = 2	13 − 7 = 6	10 − 4 = 6	5 + 6 = 11	7 + 5 = 12	14 − 7 = 7	6 + 9 = 15	11 − 6 = 5	16 − 8 = 8
3 + 3 = 6	8 + 9 = 17	4 − 3 = 1	9 + 6 = 15	4 + 5 = 9	9 − 1 = 8	15 − 8 = 7	13 − 4 = 9	5 − 2 = 3
8 + 4 = 12	6 − 4 = 2	5 + 2 = 7	4 + 6 = 10	9 − 6 = 3	8 − 5 = 3	9 − 2 = 7	7 − 5 = 2	1 + 2 = 3
18 − 9 = 9	6 + 7 = 13	7 + 9 = 16	17 − 8 = 9	7 − 2 = 5	14 − 9 = 5	2 + 2 = 4	7 − 4 = 3	3 − 2 = 1
7 + 6 = 13	9 + 5 = 14	7 + 3 = 10	12 − 6 = 6	4 + 4 = 8	2 + 9 = 11	7 − 6 = 1	7 − 3 = 4	1 + 8 = 9
8 + 5 = 13	2 + 6 = 8	6 + 2 = 8	5 + 5 = 10	5 + 7 = 12	1 + 9 = 10	2 + 7 = 9	12 − 8 = 4	3 + 4 = 7
9 + 1 = 10	6 − 3 = 3	9 + 4 = 13	13 − 9 = 4	8 + 7 = 15	11 − 7 = 4	17 − 9 = 8	10 − 5 = 5	9 + 2 = 11

47

12 − 4 = 8	9 − 5 = 4	4 + 3 = 7	17 − 8 = 9	9 + 7 = 16	9 − 3 = 6	5 + 7 = 12	3 + 2 = 5	7 + 5 = 12
17 − 9 = 8	3 + 6 = 9	9 − 8 = 1	7 − 6 = 1	2 + 3 = 5	5 − 3 = 2	7 + 1 = 8	8 − 7 = 1	4 + 6 = 10
9 + 3 = 12	7 + 6 = 13	8 + 2 = 10	16 − 8 = 8	5 + 4 = 9	6 + 5 = 11	7 + 9 = 16	7 − 4 = 3	8 − 3 = 5
5 − 4 = 1	5 + 5 = 10	6 + 6 = 12	8 + 6 = 14	18 − 9 = 9	15 − 7 = 8	13 − 7 = 6	6 − 5 = 1	3 + 5 = 8
14 − 9 = 5	9 + 2 = 11	8 + 4 = 12	13 − 4 = 9	11 − 4 = 7	6 + 1 = 7	8 − 4 = 4	14 − 7 = 7	7 + 4 = 11
16 − 9 = 7	8 + 7 = 15	15 − 8 = 7	2 + 8 = 10	4 − 3 = 1	10 − 6 = 4	3 + 4 = 7	10 − 7 = 3	1 + 9 = 10
12 − 6 = 6	3 − 2 = 1	14 − 6 = 8	6 + 7 = 13	7 + 2 = 9	8 + 3 = 11	14 − 8 = 6	8 + 9 = 17	16 − 7 = 9
11 − 5 = 6	10 − 1 = 9	4 + 9 = 13	4 + 8 = 12	1 + 5 = 6	5 + 3 = 8	9 − 6 = 3	6 − 4 = 2	4 + 4 = 8

48

16 − 8 = 8	9 − 2 = 7	13 − 5 = 8	7 + 4 = 11	16 − 9 = 7	13 − 9 = 4	3 − 2 = 1	18 − 9 = 9	13 − 7 = 6
5 − 2 = 3	8 + 6 = 14	5 − 4 = 1	9 + 1 = 10	15 − 8 = 7	7 + 8 = 15	8 − 4 = 4	3 + 3 = 6	2 + 2 = 4
8 − 5 = 3	7 − 6 = 1	1 + 7 = 8	4 + 7 = 11	10 − 6 = 4	15 − 9 = 6	11 − 8 = 3	15 − 7 = 8	5 + 1 = 6
4 − 3 = 1	8 + 5 = 13	8 + 8 = 16	6 + 5 = 11	12 − 8 = 4	3 + 1 = 4	4 + 1 = 5	2 + 5 = 7	6 − 3 = 3
9 − 8 = 1	12 − 9 = 3	5 − 3 = 2	7 + 5 = 12	6 + 7 = 13	6 + 8 = 14	1 + 5 = 6	2 + 6 = 8	11 − 6 = 5
17 − 9 = 8	7 + 1 = 8	17 − 8 = 9	3 + 7 = 10	3 + 2 = 5	9 − 6 = 3	2 + 8 = 10	6 + 3 = 9	9 − 5 = 4
2 + 7 = 9	5 + 4 = 9	6 − 4 = 2	7 + 2 = 9	7 + 6 = 13	1 + 6 = 7	7 + 9 = 16	6 + 2 = 8	5 + 7 = 12
5 + 3 = 8	9 − 0 = 9	13 − 4 = 9	4 − 2 = 2	4 + 6 = 10	6 + 9 = 15	11 − 5 = 6	6 − 5 = 1	7 − 5 = 2

49

10 − 4 = 6	8 + 3 = 11	9 + 7 = 16	11 − 4 = 7	4 + 7 = 11	9 + 6 = 15	14 − 7 = 7	15 − 7 = 8	5 + 2 = 7
1 + 3 = 4	3 + 4 = 7	16 − 8 = 8	5 + 6 = 11	8 − 4 = 4	9 + 2 = 11	8 − 6 = 2	17 − 8 = 9	4 − 3 = 1
5 + 5 = 10	6 + 7 = 13	1 + 7 = 8	8 − 7 = 1	16 − 9 = 7	8 + 5 = 13	3 + 2 = 5	8 + 2 = 10	2 + 1 = 3
14 − 6 = 8	12 − 4 = 8	13 − 9 = 4	15 − 9 = 6	3 + 5 = 8	6 − 5 = 1	3 + 6 = 9	3 − 2 = 1	8 + 6 = 14
8 + 9 = 17	5 + 8 = 13	5 − 2 = 3	7 + 3 = 10	10 − 1 = 9	6 + 3 = 9	16 − 7 = 9	7 + 6 = 13	14 − 9 = 5
11 − 7 = 4	15 − 8 = 7	11 − 5 = 6	5 + 4 = 9	3 + 8 = 11	6 − 4 = 2	2 + 3 = 5	7 − 2 = 5	2 + 7 = 9
10 − 2 = 8	13 − 7 = 6	5 + 3 = 8	2 + 4 = 6	8 + 4 = 12	14 − 8 = 6	7 − 6 = 1	12 − 7 = 5	8 − 3 = 5
3 + 1 = 4	9 − 7 = 2	5 + 9 = 14	11 − 2 = 9	3 + 9 = 12	7 + 7 = 14	6 + 8 = 14	12 − 6 = 6	5 − 4 = 1

50

8 − 6 = 2	7 + 2 = 9	7 + 8 = 15	14 − 8 = 6	6 − 5 = 1	11 − 7 = 4	9 − 4 = 5	3 + 8 = 11	14 − 9 = 5
12 − 9 = 3	6 + 6 = 12	8 + 8 = 16	10 − 9 = 1	3 + 4 = 7	6 + 7 = 13	17 − 8 = 9	6 + 8 = 14	15 − 8 = 7
4 + 1 = 5	11 − 2 = 9	7 + 5 = 12	6 + 4 = 10	3 + 5 = 8	17 − 9 = 8	7 + 4 = 11	9 − 1 = 8	11 − 6 = 5
9 − 2 = 7	4 + 5 = 9	4 + 3 = 7	5 + 7 = 12	6 − 3 = 3	16 − 8 = 8	5 + 4 = 9	8 + 2 = 10	3 − 2 = 1
15 − 9 = 6	12 − 4 = 8	5 + 6 = 11	15 − 7 = 8	8 − 4 = 4	5 + 9 = 14	1 + 8 = 9	15 − 6 = 9	4 + 6 = 10
13 − 6 = 7	4 − 2 = 2	10 − 6 = 4	9 + 7 = 16	18 − 9 = 9	10 − 5 = 5	7 − 5 = 2	8 + 9 = 17	3 + 2 = 5
6 + 9 = 15	4 + 7 = 11	2 + 5 = 7	5 − 4 = 1	8 − 7 = 1	9 + 8 = 17	7 + 6 = 13	2 + 7 = 9	11 − 5 = 6
4 + 8 = 12	5 − 3 = 2	14 − 6 = 8	8 + 5 = 13	2 + 2 = 4	9 + 4 = 13	5 + 2 = 7	4 − 3 = 1	9 − 5 = 4

Page 51

7 − 3 = 4	5 − 4 = 1	8 + 1 = 9	8 + 9 = 17	16 − 7 = 9	7 + 4 = 11	7 + 5 = 12	6 + 4 = 10	8 + 7 = 15
8 + 6 = 14	11 − 2 = 9	9 − 7 = 2	7 − 4 = 3	13 − 4 = 9	3 + 9 = 12	2 + 5 = 7	8 − 7 = 1	9 − 5 = 4
13 − 8 = 5	5 − 3 = 2	5 + 2 = 7	15 − 8 = 7	2 + 4 = 6	12 − 3 = 9	15 − 7 = 8	4 + 8 = 12	2 + 1 = 3
8 + 4 = 12	9 + 6 = 15	4 + 6 = 10	6 − 5 = 1	3 − 2 = 1	8 + 5 = 13	7 + 8 = 15	7 + 9 = 16	11 − 4 = 7
10 − 5 = 5	8 − 6 = 2	5 + 7 = 12	8 − 4 = 4	3 + 6 = 9	11 − 8 = 3	12 − 7 = 5	17 − 8 = 9	8 − 5 = 3
8 + 2 = 10	9 − 3 = 6	6 + 5 = 11	6 + 9 = 15	2 + 2 = 4	18 − 9 = 9	11 − 3 = 8	3 + 7 = 10	6 + 3 = 9
5 + 3 = 8	4 + 3 = 7	14 − 8 = 6	7 + 7 = 14	16 − 8 = 8	7 − 5 = 2	13 − 9 = 4	15 − 9 = 6	14 − 5 = 9
17 − 9 = 8	3 + 8 = 11	14 − 7 = 7	4 − 3 = 1	4 + 2 = 6	3 + 2 = 5	6 + 7 = 13	1 + 4 = 5	7 + 1 = 8

51

Page 52

4 + 6 = 10	7 + 5 = 12	17 − 8 = 9	8 + 6 = 14	14 − 7 = 7	7 + 2 = 9	1 + 7 = 8	6 + 2 = 8	6 + 7 = 13
4 + 5 = 9	3 + 8 = 11	2 + 6 = 8	6 − 4 = 2	2 + 3 = 5	7 + 6 = 13	14 − 6 = 8	9 − 8 = 1	3 + 3 = 6
2 + 7 = 9	4 + 3 = 7	10 − 8 = 2	3 + 5 = 8	6 + 5 = 11	4 − 2 = 2	7 − 4 = 3	8 − 3 = 5	8 + 2 = 10
12 − 6 = 6	6 − 3 = 3	5 − 4 = 1	5 + 3 = 8	11 − 8 = 3	3 + 2 = 5	1 + 8 = 9	5 + 4 = 9	5 + 5 = 10
6 + 6 = 12	4 − 3 = 1	13 − 8 = 5	5 − 3 = 2	7 − 6 = 1	10 − 1 = 9	10 − 7 = 3	8 − 4 = 4	7 − 3 = 4
8 − 6 = 2	5 + 2 = 7	5 + 8 = 13	8 + 5 = 13	6 − 2 = 4	9 + 6 = 15	4 + 2 = 6	3 + 4 = 7	1 + 2 = 3
9 + 7 = 16	8 + 1 = 9	12 − 3 = 9	3 + 6 = 9	17 − 9 = 8	11 − 7 = 4	12 − 8 = 4	13 − 7 = 6	8 − 7 = 1
16 − 8 = 8	10 − 3 = 7	9 − 2 = 7	6 − 5 = 1	3 + 7 = 10	8 − 2 = 6	18 − 9 = 9	5 + 7 = 12	11 − 2 = 9

52

Made in the USA
Las Vegas, NV
30 August 2023

76843147R00037